BODY TALK

ボディートーク
世界の身ぶり辞典 新装版
A World Guide to Gestures

デズモンド・モリス…[著]

東山安子…[訳]

三省堂

©Sanseido Co., Ltd. 2016
Printed in Japan

Desmond Morris

BODYTALK
A World Guide to Gestures

BODYTALK by Desmond Morris
Copyright © Desmond Morris, 1994
First published as BODYTALK by Jonathan Cape, an imprint of Vintage Publishing.
Vintage Publishing is a part of the Penguin Random House group of companies.
The Author has asserted his right to be identified as the author of the Work.
Japanese translation published by arrangement with the Random House Group
Limited through The English Agency (Japan) Ltd.

は じ め に

　人類が後足で立ち，前足を鋭敏な手へと変化させてから，人間の身ぶり手ぶりは広範囲に発達してきた．歩くために使われていた以前の前足は，新たにコミュニケーションを担う繊細な器官となった．動物の中では最も表情豊かな「顔」をもつことに助けられ，「手」は身体を使った複雑な合図のレパートリーを数多く発達させてきた．*BODYTALK*（身ぶりが語る）と題した本書が説明しようとしているものは，まさにこの言葉ならざる言葉である．

　世界中を歩いていると，なじみ深いジェスチャーが消えて，その代わりに奇妙なジェスチャーが現われ，その意味が分からないことがある．経験豊かな旅行者でさえ誤解を生じやすい．ある地域では礼儀正しいジェスチャーが他の地域では猥褻な意味をもち，ここでは友好的なジェスチャーがあそこでは敵意を示すものになる．「ジェスチャー・ガイド」の必要性が生じるゆえんである．

　面白いことに，地域による多様性が見られず，一見普遍性があるように思われるジェスチャーもある．地球の裏側へ旅行しても，似たような身ぶりを見かけてほっとする．笑顔は世界中どこでも笑顔である．しかめっ面はしかめっ面，凝視は凝視，こぶしを振り上げればその人の気持は疑いなく伝わる．このように，ボディー・ランゲージの中には基本的と考えられる要素もあるが，グローバルな合図であっても，あらゆるジェスチャーは研究する価値がある．人はみな笑うが，ある地域では「大声で笑うこと」は不作法とされており，地域によって表現のしかたや強さが異なる場合があるからである．最も基本的なものでも，地域ごとのルールを理解することが大切なのである．

　「ジェスチャー・ガイド」を編集する際の問題の一つは，どれを除外するかである．多くのよく知られているジェスチャーを入れることは無意味なように思われるが，一般的なジェスチャーであっても珍しい例は含めた．たとえば，「手をつなぐ」や「額にキスする」については，親子間の通常のやり方は省いたが，誤解されやすい使い方は挙げてある．また，特別な訓練を必要とする，正式な手話に関するジェスチャーも省いた．本書に説明してあるジェスチャーは，その意味でみなインフォーマルなものであり，普通の人々が日常生活を送る際に，意識的にも無意識的にも使うものである．

　　　　　　　1994 年，オックスフォードにて　デズモンド・モリス

訳 者 ま え が き

　デズモンド・モリスが,「ジェスチャーの百科事典をつくる」という目標について述べたのは 1979 年であった.「この仕事を進めるには特別の研究所を設立する必要があるが,まだそんなものはどこにも存在しない.言語学者は権威ある辞典をもっているが,ジェスチャーの研究者は研究のためのリファレンスさえ与えられていないのだ」(Morris et al., *Gestures*, 1979).そして 1994 年に自ら一つの答えとして提示したのが,本書の原著,*BODYTALK —— A World Guide to Gestures* である.これは,世界各地の身ぶりを身体部位別に 650 項目以上も取り上げ,それらの意味,イラストを付した動作の説明,動物行動学からの進化論的知見や歴史的起源などの説明,そして観察された世界の 70 もの地域をまとめた画期的な「世界の身ぶり辞典」である.

　デズモンド・モリスは日本でもおなじみの著名な動物行動学者である.オックスフォード大学から博士号を取得し,1956 年にはロンドン動物園のテレビ・映画部門長に就任.とくに "Zoo Time" シリーズで一般に知られるようになった.1967 年刊行の *The Naked Ape* は動物観察の手法を人間観察に応用し,人間を体毛のないサルとして分析したもので,ベストセラーとして世界中に多くの読者をもつようになる.1973 年から 1981 年までオックスフォード大学特別研究員として「ジェスチャー地図研究班」などを率い,1977 年にはバードウォッチングをもじった *Manwatching* を,1979 年には *Gestures* を出版した.本書には著者の長年の観察や調査が盛り込まれているが,とくに人間の身体言語を研究してまとめた二冊の著書,*Manwatching* と *Gestures* が基になっていると考えられる.

　本書に出てくる次の用語は,*Manwatching* の中で示されている身ぶりの分類方法である.

　　名残りジェスチャー：発生した時の状況が既に消失したのに生き残っているジェスチャー.できてから現代まで生き続けている歴史的名残りと,幼児期の身ぶりが大人になっても残っている私的名残りがある.
　　模倣ジェスチャー：人や物や動作をできるだけ正確にまねるジェスチャー.
　　象徴ジェスチャー：物や運動とは直接対応しない,抽象的な特性を示すジェスチャー.

混成ジェスチャー：二つの信号が合わさったジェスチャー.

モリスはこの他にも，偶発ジェスチャー，表出ジェスチャー，形式ジェスチャー，専門ジェスチャー，コードジェスチャー，多義ジェスチャー等のさまざまなジェスチャーのパターンを示しており，本書と重なる例も多々見られる.

Manwatching が人間観察を基に書かれた書であるのに対し，*Gestures* は，ジェスチャーに関する大規模なフィールド・ワークの結果をまとめた書である. ヨーロッパにおけるジェスチャー地図をつくるという目的を掲げたこの調査は，1975 年から 3 年間にわたってヨーロッパの 15 の言語に及ぶ 25 か国の 40 地点で行なわれた. 29 名の調査者と通訳者が，1200 名のインフォーマントに対し，各々 40 分もの詳細なインタビューを実施するという，大がかりなプロジェクトであった. V サイン，親指立て，指十字など，調査対象とされた 20 のジェスチャーの調査結果は，本書の中の関連項目の記述のベースになっている. また，このプロジェクトは動物行動学に加え，言語学，歴史学，社会心理学等の分野の研究者との学際的な共同研究であることも大きな特徴で，その成果も本書の随所に見られる興味深い進化論的説明や歴史的起源の説明に生かされている. ジェスチャー地図に取り組んだことで，それぞれの身ぶりの分布が国境とは異なること，山脈があるなどの地理的要因や過去の植民地支配の影響などが身ぶりの伝播に大きく関わってきたことなどが明らかになった. この結果を受けて，本書の地域についての記述も，国単位で説明されているところもあるが，極めて限定された島や地方や部族などを挙げてあるものもある.「ジェスチャー境界線 (gesture barrier)」や「ジェスチャーの通路 (gestural corridor)」についても一部触れられており，興味深い.

身ぶり辞典としての特徴をまとめておこう. 1) 動作の項目数が 650 以上と今までに類を見ない，2) 身体部位別に配列され，大きな分類項目だけでも 80 以上を数える，3) イラストが付され，動作の描写も詳しい. 手を例にとれば，片手か両手か，手の向きや位置，動き方やそのスピード，音を伴うかどうかなどが詳細に述べられている，4) 意味の記述も詳細で，同じ身ぶり，あるいは大変似ている身ぶりで意味が異なるものは，(1)(2) のように項目を分けて説明されている. 5 項目から 7 項目と細かく分類されているものも少なくない，5) 背景には，進化論的な説明や歴史的起源の説明に加え，使われる状況がフォーマルかインフォーマルか，真剣に使われるのか冗談で用いられるのか，旅行者が訪れて誤解を生じやすい事例の説明，そして決まり文句の紹介など，非常に充実していて読みごたえがある，6)

地域については，西欧はもとより，南米，北米，アラブ文化圏，アジア等，世界中の 70 もの地域の記述が見られる．

　ただ本書にも「世界の身ぶり辞典」として未熟な点もある．それは充実しているヨーロッパ地域に比べ，その他の地域の情報が極めて限られていることである．アジア地域を見ると，インドネシア，マレーシア，ラオス，タイなど 10 か国ほどの身ぶりを扱ってはいるものの，その数も記述内容も充分とはいえない．日本の身ぶりも 10 以上扱っているが，「日本人の身ぶりの辞書」に関するプロジェクトを長年手がけている訳者にとっては，首を傾げる記述もある．しかし，このことを以て本書の価値が減じるものでは決してない．モリスの言葉を冒頭に引用したように，「身ぶり辞書の試み」はまだ始まったばかりである．充分な調査なしに簡易な写真やイラストに数行の説明をつけただけの出版物もある中で，長年にわたるモリスの人間観察と「ジェスチャー地図」のプロジェクトをベースとした本書の記述は群を抜いている．アジア地域の記述を充実させるのは，アジアの研究者の仕事といえよう．「世界の身ぶり辞典」として，一つの価値ある雛形を提示してくれた本書を基に，さらに世界の各地域での研究成果が積み重ねられることを期待する．

　読者の方々には，引く辞書というよりは読む辞書として楽しんでいただければと考える．膨大な資料をコンパクトな辞書形式にまとめてあるため，説明がもっと欲しいと感じる箇所もあるが，一部については，邦訳もある上述の *Manwatching* と *Gestures* の記述を合わせて参考にしていただきたい．内容が世界の文化圏を扱っていることから，三省堂編集部を通して各言語の専門家に一部助言をいただけたこと，また欧米のジェスチャーについては，私の長年の友人であるケイトに解説をしてもらえたことが大きな助けとなった．博識なモリスの記述に対して訳者の至らない部分も多々あるが，読者の方々からいろいろご教示いただければ有り難い．原著は，4 年前の夏に，ニュージャージー州サミットの小さな本屋で見つけたものである．その訳出を勧めてくださり，丁寧に原稿を読んでくださった編集部の柳百合さんに，最後に心からお礼を申し上げたい．

1999 年 6 月 20 日
東山　安子

目　次

はじめに………i

訳者まえがき………ii

本書の使い方………vi

本文（ARM ～ WRISTS）………1

項目一覧………237

参考文献………261

新装版への訳者あとがき………264

装丁＝三省堂デザイン室

■本書の使い方

　使いやすいように，ジェスチャーは身体部位別に分類して提示した．たとえば，指で鼻を叩く動作は「Nose Tap（鼻叩き）」と名称をつけ N の項に，指を交差させて上に上げるジェスチャーは「Fingers Cross（指十字）」として F の項に挙げた．はっきりさせるために，よく知られている「Wink（ウィンク）」もその身体部位で分類し，Eye Wink として E の項に挙げた．したがって，ジェスチャーを探すには，関わりのある身体部位をアルファベット順に見ていけばよいのである．

　それぞれのジェスチャーにはイラストを添え，次の四つの見出しをつけた．

　　意味　基本的なメッセージを挙げた．
　　動作　イラストを補足するために，動きを描写した．
　　背景　起源，使われる状況，歴史など，そのジェスチャーに関して分かっている知見をまとめた．
　　地域　そのジェスチャーがどこで観察されたかを記述した．分布状況について詳しく分かっているものもあるが，多くの場合には，ある特定の国で使われたという記録があるだけである．たとえば，「オランダ」と書かれていても，その他の地域で見られないというわけではない．将来的には，魅力ある人間のジェスチャー言語についての知見がさらに深められ，これらの記録がより詳細なものになっていくことを期待したい．

■ジェンダーに関する注

　本書のほとんどのイラストが男性であることから，これは不当な性差別だと考える読者がおられるかもしれないが，そうではない．この本が性差別主義なのではなく，ジェスチャー自体がそのような傾向をもっているのである．つまり，どういうわけか，ジェスチャーで合図することは主に男性の習慣なのである．国によってはあまりにも男性中心のジェスチャーばかりで，我々の側の女性研究者は，地元の人がその話を始める前に，場をはずすように言われたほどである．

1 ARM FLEX　腕曲げ

(意味)　私は強い．
(動作)　腕を曲げて大きな力こぶを作る．
(背景)　ボディービルをする人たちの様式化された動作．男性が自分の力強さについて語りたいときに，冗談めかした社交的ジェスチャーとして使う．
(地域)　西欧社会．

2 ARM GRASP　腕つかみ

(意味)　友好的な挨拶．
(動作)　握手しながら，左手で相手の上腕をつかむ．
(背景)　伸ばした左腕は抱擁の初期段階である．正式な握手とともに相手の腕に手をやることで，通常の挨拶に，より強く感情的な印象を与える．これでも十分ではない場合は，握手をしながら，軽く抱擁するように相手の背中に腕を回すこともある．政治家は，これらの「握手をさらに強めるしぐさ」を意図的に使って，「とくにあなたに会えて嬉しい」という印象を与えようとすることがある．
(地域)　西欧社会で広範囲に普及．

3 ARM RAISE(1)　腕上げ(1)

(意味)　注意を引く．
(動作)　相手が気がつくまで，片手を高く上げている．手のひらは相手の方へ向ける．
(背景)　学校の教室で使われるジェスチャーが，大人社会にまで広がったもの．集会で発言をしたいときや，非公式に票決するときに使われる．
(地域)　広範囲に普及．

4　ARM RAISE(2)　腕上げ(2)

(意味)　私は誓う.
(動作)　右手を肩の高さまで上げ，手のひらを相手の方へ向けて，その位置を保つ.
(地域)　西欧社会.

5　ARM RAISE(3)　腕上げ(3)

(意味)　友好的な挨拶.
(動作)　片腕を上げる．手のひらは相手の方に向け，指と指の間は少し開く.
(背景)　これは挨拶のジェスチャーで，「片手振り(1)」(⇨374)より気軽な状況で使われる．社交的な集まりで知り合いを見つけたとき，ごく近距離で使われる.
(地域)　広範囲に普及.

6　ARM RAISE(4)　腕上げ(4)

(意味)　やあ！万歳！
(動作)　手のひらを相手に向け，片腕をまっすぐ伸ばした形で上に上げる．腕の角度はさまざまである.
(背景)　古代ローマの敬礼として使われたのが始まりで，1930年代に揺るぎない忠誠を示すジェスチャーとして，ドイツのナチ党員の間に復活した．今日でも，ドイツのネオナチ・グループで見られる.
(地域)　起源は古代ローマ．今日では，極右派の政治グループが集まる西欧の諸地域で見られる.

7 ARM SHAKE 腕振り

- 意味　誇張してるね.
- 動作　腕を下に構え,前後に払うように動かす.
- 背景　不信の合図として,「私は抜け目がないんだ」と言っている.
- 地域　アラブ文化圏.

8 ARMPIT TICKLE 脇の下くすぐり

- 意味　つまらない冗談.
- 動作　人さし指で自分の脇の下を目立つようにくすぐって見せる.
- 背景　相手を笑わせようとしたのに受けなかったジョークへの,動作者自身の反応である.メッセージとしては「下手なジョークを言ってしまったので,自分自身をくすぐって笑わせなくては」ということになる.
- 地域　インドネシア.

9 ARMPITS HOOK 脇の下掛け

- 意味　自慢.
- 動作　親指を両側の脇の下に引っかけるようにし,他の指を扇形に広げる.
- 背景　親指をチョッキの袖ぐりに引っかけたり,ズボンつりの下に入れてゴムを前に伸ばすような動作に由来する.自分がくつろいでいることを横柄に見せびらかしており,「私は自分自身にとても満足している.他の人が用心深くしているときに,何の心配もせずにこのようにくつろいでいられる余裕があるのだから」と伝えている.今日では,おどけて話すときに使われることがほとんどである.

[地域] ヨーロッパと北アメリカ.

---

10 ARMS AKIMBO (1) 両手腰当て (1)

[意味] 近づかないで.
[動作] 両手を腰に当て,両肘を身体の外側に突き出す.

[背景] 人と一緒にいるのに一人になりたいと思うときに,無意識にとる姿勢.運動選手が極めて重要な得点や試合を落としたときに見られる.喜んでいるときにする抱擁とは逆の姿勢を,無意識にとっている.社交的な集まりで,誰かを少人数のグループから除外したいと思うようなときにも使われる.その場合には,片腕を腰に当て,遠ざけたい特定の個人のいる方向を指し示す.
[地域] 世界各地.

---

11 ARMS AKIMBO (2) 両手腰当て (2)

[意味] 怒り.
[動作] 前項参照.
[背景] ある地域では,この姿勢は怒りで煮えくり返っていることを表わす特別な合図として使われる.両手を腰に当てた姿勢は腹を立てていることを表わすのが普通であるが,これを「非常に激怒している」という意味にまで誇張した使い方である.
[地域] マレーシア,フィリピン.

12 ARMS BEHIND　後ろ手

意味　くつろいでいる．
動作　両手を背中側で組み合わせる．
背景　不安を感じるとき，私たちは防御柵のように身体の前で腕を組む．背中側で手を組むときは，明らかに逆のことを意味している．つまり，「私はとてもくつろいでいて自分自身を守る必要がない．だから，身体の前面をさらすようなこの姿勢がとれるのだ」となる．軍隊では「休め」の号令に対して兵士がとる姿勢として使われ，状況は多少違うが，基本的なメッセージは同じである．
地域　広範囲に普及．

13 ARMS FOLD　腕組み

意味　防御．
動作　両腕を胸の前で組む．
背景　これは日常，無意識によく使われる姿勢で，目の前にいる相手との間に軽い防壁を立てたいと思うときに使う．腕が車のフェンダーのような役を果たし，身体の前からの侵入を防ぐ．この「防壁のサイン」は無意識にされることが多いが，ときには「ここは通さない」という合図として意図的に使われることもある．たとえば，出入り口の外にいる見張りが，入って来ようとする人を阻止しようとするときなど．
地域　世界各地．

14 ARMS RAISE（1）　両腕上げ（1）

意味　降参．
動作　両腕を，肘のところで軽く曲げ，手のひらを相手の方に向けて上げる．

(背景) 急に攻撃的な動きをするつもりはないことを強調するために,両手を上に上げておく行為.暴力の危険にさらされているようなときは,真剣な降参の合図として使うが,社交的な状況では,議論に負けて「参った」というときに冗談で用いる.
(地域) 広範囲に普及.

---

15 ARMS RAISE(2) 両腕上げ(2)

(意味) 祈り.
(動作) 両腕を高く上げる.通常,手のひらは空に向け,頭は少し後ろに引く.
(背景) 祈る人の最も古くからの姿勢.現在よく知られている「手のひらを合わせるしぐさ」よりも,かなり以前から存在することが,昔の芸術作品の研究から明らかになっている.神に助けを求めたり,感謝をするときに用いる.起源は,単なる抱擁のジェスチャーで,両腕が天にいる神に届くように伸ばしているのである.宗教以前の形としては,小さな子供が立っている親に「抱っこして」と両手を広げてせがむ動作である.
(地域) 広範囲に普及.

---

16 ARMS RAISE(3) 両腕上げ(3)

(意味) 勝利.
(動作) 通常は肘を曲げずに,両腕を思いきり上げる.V字型を作るように手の先を開き加減にすることが多い.
(背景) 勝利を得たスポーツマンや政治家の使う姿勢.「身体を拡張する行為」に由来し,優勢な姿をより高く見せようとする.
(地域) 広範囲に普及.

17 ARMS REACH　両腕伸ばし

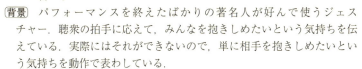

意味　私の抱擁を捧げましょう．
動作　相手を抱擁するかのように両手を差しのべるが，両者の間には距離があって実際には届かない．
背景　パフォーマンスを終えたばかりの著名人が好んで使うジェスチャー．聴衆の拍手に応えて，みんなを抱きしめたいという気持ちを伝えている．実際にはそれができないので，単に相手を抱きしめたいという気持ちを動作で表わしている．
地域　世界各地．

18 ARMS ROCK　両腕揺すり

意味　赤ちゃん．
動作　両腕で赤ん坊を揺り動かして眠らせる動作をまねる．
背景　幼児に言及するとき，さまざまな形で使われる．最も一般的なのは，目の前には今いないけれども赤ん坊がいるというときに使われる．皮肉を込めて「あなたは赤ん坊のようだ」と言うときにも使われることがある．
地域　広範囲に普及．

19 ARMS 'SHOVEL'　両腕シャベル

意味　ばかなことを言って．
動作　肥料をシャベルですくい，肩ごしに投げ捨てる動作を，両腕でまねる．
背景　throwing the bull「むだ話をする」として知られるジェスチャーで，bullshit「ばかな」と同義．
地域　北アメリカ．

20 BEARD GROW 顎ひげはやし

(意味) 何て退屈な!

(動作) 片手を顎の下に置き，次に長い顎ひげを撫でたり測ったりするかのように，その手を下向きに下ろす．

(背景) このジェスチャーは二つの状況で使われる．一つは，長い退屈なスピーチをしている人に対して「聞いている間に長いあごひげが生えてしまうよ」という意味で．もう一つは，使い古された冗談を誰かが言っているときに，「このジョークはあんまり古いから，顎ひげが生えているんだ」という意味で使われる．

(地域) オランダ，ドイツ，オーストリア，イタリア．

21 BEARD STROKE(1) 顎ひげ撫で(1)

(意味) 考え込む．

(動作) ぼんやりと身づくろいをしているかのように，片手で顎ひげを物思わしげに何度も撫で下ろす．

(背景) 困難な決定や複雑な思考を必要とするときに，それを和らげるために使われる無意識な行為である．

(地域) ユダヤ人地域社会に一般的であるが，世界各地でも見られる．

22 BEARD STROKE(2) 顎ひげ撫で(2)

(意味) 何て退屈な!

(動作) 本物であれ，想像上であれ，顎ひげを指で撫でる．

(背景) 「君が話している間に私の顎ひげは伸びてしまうよ」というジェスチャーの特定地域版．

地域 オーストリア.

23　BEARD WAG　顎ひげ振り

意味 年寄り.
動作 片手の指を顎の下に当てて，小刻みに動かす．
背景 年老いた人の顎ひげを指でまね，非常に高齢であることや，多少，耄碌(もうろく)していることも意味する．
地域 サウジアラビア.

24　BELLY 'CUT'　腹部切り

意味 空腹.
動作 片手を平らにし，手のひらを下にして，腹部を横に切るように規則的に動かす．
背景 空腹の痛みが横腹に食いこむということを意味している．
地域 イタリア.

25　BELLY PAT　腹叩き

意味 満腹.
動作 腹部を片手で軽く叩く．
背景 おいしい食事で満腹になったお腹を指すジェスチャー．
地域 広範囲に普及.

26　BELLY PRESS　腹押し

(意味)　飢え.
(動作)　口を開け，両こぶしを腹部に激しく押しつける.
(背景)　極度の飢えからくる腹部の激しい痛みをまねている.
(地域)　ラテンアメリカ.

27　BELLY RUB(1)　腹撫で(1)

(意味)　空腹.
(動作)　片手で腹部をつかみ，円形を描くようにする.
(背景)　手の動きは，空腹からくる腹部の痛みを和らげることを意味している.
(地域)　世界各地.

28　BELLY RUB(2)　腹撫で(2)

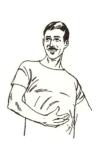

(意味)　君の不幸を楽しんでいるのさ.
(動作)　平手で腹部の中央を上下に撫でる.
(背景)　あまりに大笑いしてお腹が痛む様子をまねている.
(地域)　中央ヨーロッパ.

29　BELLY 'SLICE'　腹スライス

(意味)　何も残っていない！
(動作)　手のひらを上に向け，腹部の左から右へ切るようにする．
(背景)　このジェスチャーはCeinture!「ベルト」やPlus rien!「何もない」という句と結びつく．イタリアで空腹を表わす「腹部切り」(⇨24)と混同されやすい．
(地域)　フランス．

30　BODY KOWTOW(1)　叩頭の礼(1)

(意味)　従属．
(動作)　跪き，頭を地面につくまで下げる．
(背景)　これは身を低くする極度の形で，跪くことと，完全に身を伏して拝むことの中間の姿勢である．昔は，支配者への挨拶としてよく行なわれていたが，今日では，忠実な信者たちが神の前で謙虚さを示すための宗教的状況に限定される．イスラム教徒の祈りの姿勢としては，今でも一般的に使われている．
(地域)　イスラム社会．

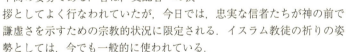

31　BODY KOWTOW(2)　叩頭の礼(2)

(意味)　従属．
(動作)　跪き，両肘を地面につける．両手は顔の前で合わせる．
(背景)　この叩頭の礼の変形版は，叩頭の礼と，両手を顔の前で合わせるというアジア人の挨拶を組み合わせた形になっている．東洋の一部では19世紀末に，服従的な挨拶の極端な形として，この動作が行なわれていた．

11

地域 ラオス.

---

32 BODY LEAN(1) 前屈み(1)

意味 関心がある.
動作 相手に対して身体を前屈みにする.
背景 熱心さや関心の深さを無意識に表わすときに用いられる姿勢. 上司に対面している部下, お客に話をしているセールスマン, 相手を溺愛している恋人がとる姿勢である. 優位に立つ側は, 普通, 後ろに寄りかかってリラックスした姿勢をとる.
地域 世界各地.

---

33 BODY LEAN(2) 前屈み(2)

意味 もう行かなくては.
動作 両手で椅子を握り, 腰かけたまま前屈みになる.
背景 人が立ち上がろうとしているところで, 前屈みになった姿勢は出発を表わす意図的な動きである.
地域 世界各地.

---

34 BODY PROSTRATE ひれ伏し

意味 服従的挨拶.
動作 胸部を地面につけ, 両腕を広げて地面にひれ伏す.
背景 昔, すべての権力をもった支配者たちは, このような卑屈なやり方で挨拶を受けていた. 今日の正式なお辞儀(bow), 膝を

12

曲げるお辞儀（curtsey），跪き（kneel）は，このかつての従属を表わす形の名残りと言ってもよい．地位の低い者が高い者に対してするあらゆる表現がそうであるように，自分を普通よりかなり小さく見せるために身を低める．この場合，高さの縮小が究極的な形でなされている．今日では，支配者の前で完全にひれ伏す例はほとんどないが，聖なる偶像や神の前で宗教的にひれ伏すことは，いまだに行なわれている．
[地域] 宗教的な規律や遠隔地の部族文化では今でも行なわれている．

35 BREASTS CUP　胸カップ

[意味] 彼女はセクシーだ．
[動作] 両手で女性の大きな胸を愛撫するような動きをする．
[背景] 男性が特定の女性に対してしたいことを暗示する下品なジェスチャー．
[地域] 起源はヨーロッパであるが，ほとんどの地域で理解される．

36 BREASTS OUTLINE　胸輪郭

[意味] 彼女はセクシーだ．
[動作] 両手で，女性の胸の輪郭を表わす曲線を描く．
[背景] グラマーな女性について，男性たちが使う下品なお世辞．
[地域] 起源はヨーロッパであるが，ほとんどの地域で理解される．

37 BREASTS THROW　乳房投げ

[意味] 大きな胸．
[動作] ぶらさがっている二つの乳房を，肩ごしにひょいと後ろに投げる動きをまねる．
[背景] ある部族では，女性の乳房がとても長くぶら

さがっているので，持ち上げて紐で背負っている背中の赤ん坊に肩ごしに飲ませることができる．このジェスチャーはそれをまねたもので，女性の乳房が印象に残るほど大きいことへの下品な評として使う．
地域 南アメリカ．

38 BROW TAP 眉間叩き

意味 頭がおかしい．
動作 非常に小さな物をつまむかのように親指と人さし指の先を合わせ，その手で眉の間を数回軽く叩く．
背景 「君の脳みそがあまり小さいから，親指と人さし指でつまめるよ」というメッセージを伝える．人さし指で，額の横やこめかみを軽く叩く「額叩き(1)」(⇨ 288)や「こめかみ叩き(1)」(⇨ 584)の特定地域版．
地域 イタリア，とくにナポリ．

39 BROW TOUCH 眉間タッチ

意味 私にはそれはできない．
動作 人さし指の先で，眉と眉の間に触れる．
背景 両目の間を銃で撃つまねをするジェスチャー．これは羞恥心を表わすサインで，基本的なメッセージは「恥ずかしいことだが，それはできない」となる．
地域 サウジアラビア．

40 BUTTOCK PAT 尻叩き

意味 元気づけ．
動作 男性の友人の尻を友好的に軽く一回叩く．
背景 スポーツマンのジェスチャーである．肩を軽く叩いて励ます一般的なジェスチャーの代わりに使

われる．アメリカン・フットボールでよく使われるが，それは両肩に重いパッドがあって肩を叩くことが不適切なことから，作りだされたのかもしれない．今では他のスポーツでも使われている．スポーツ以外の社交的な場面では，性的な意味合いから尻を触るのと混同され，誤解を招くため，稀にしか使われない．

[地域] もとは北アメリカだが，現在はヨーロッパでも使われる．

41 BUTTOCK SLAP 片尻打ち

[意味] 侮辱．

[動作] 右の臀部を突き出し，平手打ちをするかのように右手を動かす．実際に平手打ちをすることもある．

[背景] 侮辱的ジェスチャー．「尻を叩くぞ」か「くそくらえ」のいずれかのメッセージを伝える．

[地域] ドイツ，オーストリア，東ヨーロッパ，中東．

42 BUTTOCKS EXPOSE 尻出し

[意味] くそくらえ．

[動作] 服を少しの間下げて尻を見せる．前に屈むことで意味が強まる．

[背景] この侮辱の形は，法律にふれる地域もあるが，単に下品な冗談として扱われる所もある．臀部に加えて生殖器官があらわになっているかどうかが，違法性の判断材料とされることが多い．現代では，このジェスチャーの意図は，犠牲者である相手に対して，「お前の上に排便してやる」か「私の臀部にキスしろ」のいずれかのメッセージを伝えることにある．後者は古くからのもので，単なる屈辱以上の意味がある．人類は一対の丸い尻をもった唯一の霊長類で，昔は，悪魔がこれを強烈に妬んだと信じられていた．自分に尻がないので，悪魔はこの事実を思い出させるいかなる合図に対しても激怒した．したがって，裸の尻を見せることは，邪視（the Evil Eye）に対する非常に有効な防御の役目を果たした．悪魔は臀部の部分に第二の顔を

もっていたので，このジェスチャーをしながら相手に向かって叫ぶ Kiss my arse.「私の臀部にキスしろ」が，侮辱の言葉として知られるようになり，侮辱の対象とされた犠牲者が忌まわしい悪魔も同然だということを意味した．今日，これらの詳細は忘れられているが，侮辱の意味は生き続けている．1960年代に，この動作はアメリカの大学生の間で挑発的な嘲りとして流行り，「満月」として知られるようになった．通常は，安全なように二階の窓から行なわれた．

(地域) ヨーロッパと北アメリカ．

43 BUTTOCKS SLAP　両尻打ち

(意味) 卑猥な侮辱．
(動作) 尻を見せるように身体を曲げ，両方の尻の中央を平手で打つように，片手を後ろへ回す．
(背景) このより極端な形の平手打ちは上述のジェスチャー(⇨41)の誇張された形である．
(地域) 東ヨーロッパ，中東．

44 BUTTOCKS THRUST　尻突き出し

(意味) 卑猥な軽蔑．
(動作) 侮辱する相手に向かって，尻を突き出す．
(背景) この単純なジェスチャーは，もともと「くそをひっかけるぞ」という意味の排出に関する侮辱である．
(地域) 南イタリア．

45 CHEEK BRUSH(1)　頬さすり(1)

(意味) 何て退屈な！
(動作) ひげの伸び具合を調べるかのように，指の背で頬を前後にこする．

(背景) フランス語でひげを意味する barbe も，退屈するという意味がある．起源は「長々続く退屈な話を聞いている間にひげが伸びてしまうよ」という意味の諺があった時代に遡る．
(地域) フランス．

46　CHEEK BRUSH (2)　頬さすり (2)

(意味) 確かではない．
(動作) 前項参照．
(背景) 困っているときに，無意識に物思いに耽りながら頬をこすることが様式化され，次のような意図的な合図として使われる．すなわち「あなたには従わない」「あなたの言っていることは疑わしい」「分からない」．
(地域) アメリカ合衆国．

47　CHEEK CREASE　頬皺(ほおじわ)

(意味) 皮肉．
(動作) 口の片方の端を強く引いて，頬に皺を作る．
(背景) 微笑みを故意にねじ曲げた形．「歪められた賛辞」として，冷笑や皮肉の合図となる．
(地域) 西欧社会に広範囲に普及．

48　CHEEK 'CUT'　頬傷

(意味) 彼は無法者だ．
(動作) 頬をナイフや剃刀で切る動作を，親指でまねる．親指の爪で，頬の耳側から口の方へ力を入れて引き下ろす．
(背景) 頬に傷痕をもつギャングの一員がいて，乱暴

17

で脅威を感じる存在だということを示すジェスチャー.
(地域) イタリア，とくにナポリ地域．

49 CHEEK DEFLATE 頬収縮

(意味) くだらん！
(動作) 両頬をふくらませ，丸めた右手の指先で口の中の空気を叩き出してしぼませる．
(背景) ほら吹きでばかげたことを話している人がいるから，それをへこます必要があるということを象徴的に表わす．
(地域) フランスと中東．

50 CHEEK DOWN-RUB 頬撫で下ろし

(意味) 私は誓う．
(動作) 平手で片頬を打ち，その後撫で下ろす．
(背景) 誓いを強固にするために使われる．
(地域) サウジアラビア．

51 CHEEK KISS 頬キス

(意味) 友好的挨拶．
(動作) お互いに片方の頬にキスし，次にもう片方にする．
(背景) 頬にキスすることが，今日挨拶として好まれるには，いくつかの理由がある．
　1）双方が同じ動作をするので，平等な関係を表わす．

2）口と口のキスのような性的な意味合いを避けられる.
3）双方が単なる顔見知りではなく，親しい友人であることを示す.
4）実際に肌にキスしなくても親しさを表わすことができ，直接でなく頬の近くにキスすることで，女性の化粧も損なわれない.

この頬キスの広がりは，地域より社会階層によって異なり，最も一般的に見られるのは，上流階級と演劇である. 中流階級も，以前に比べれば使うようになってきた.

[地域] 西欧社会.

52 CHEEK 'LATHER' 頬泡立て

[意味] 君は私をだまそうとしている.
[動作] ひげをそる前に肌を石鹸で泡立てるように，右手の人さし指で頬に円形を描く.
[背景] このジェスチャーの本質的なメッセージは
「君がたくらんでいることは知っている. 私をだまそうとしても，成功しないよ」となる.
[地域] フランス.

53 CHEEK PINCH（1） 頬つまみ（1）

[意味] すばらしい.
[動作] 親指と人さし指で頬をつまむ.
[背景] この動作は，親が子供をほめるときに優しく頬をつまむのをまねている. 今では，このほめる動作が，物や出来事や人の優秀さを評するときにも使われる.
[地域] イタリア.

19

54　CHEEK PINCH(2)　頬つまみ(2)

(意味)　ふざけて示す愛情.
(動作)　相手の頬を親指と人さし指でそっとつまむ.
(背景)　親が子供にする動作をまねて，大人同士で使う．攻撃的な状況では，「お前は私の手の中にいる子供さ」といった，特別な脅しの意味をもつ．
(地域)　地中海地域で一般的に見られる．

55　CHEEK SCRAPE　頬こすり

(意味)　泥棒．
(動作)　少し丸めた片手の指先で，頬を数回静かにこするようにする．
(背景)　爪で引っかく動きは，何かをそっと盗むときの泥棒の手を示している．
(地域)　南アメリカ．

56　CHEEK SCREW(1)　頬ねじり(1)

(意味)　すばらしい！
(動作)　人さし指，あるいは親指と人さし指を，頬の中央にねじ込むようにする．
(背景)　通常は食べ物に関して使われるが，美人をほめる表現としても使われる．食べ物について使われるときには，「おいしい」か，文字通りには「歯の上に」を意味する al dente という句を伴うことが多い．とくに，ちょうどよい歯ごたえに料理されたパスタ料理に関して使われる．
(地域)　イタリア．

57 CHEEK SCREW(2) 頬ねじり(2)

意味 彼女は美しい！
動作 ピンと伸ばした人さし指を，頬にねじ込む．
背景 伝統的な女性美の象徴であるえくぼを刻みつけている．
地域 イタリア，リビア．

58 CHEEK SCREW(3) 頬ねじり(3)

意味 彼は柔弱だ．
動作 前項参照．
背景 この動作が女性に向けて使われたときはほめる表現となるが，男性に対しては，えくぼがあって柔弱なことを意味する侮辱として使われる．
地域 南スペイン．

59 CHEEK SCREW(4) 頬ねじり(4)

意味 君は気が変だ！
動作 前項参照．
背景 自分たちに対して無礼なジェスチャーをした人々を警察が法律で罰する地域がある．ドイツ警察は，気がおかしいことを意味する「こめかみねじり(1)」(⇨581)をすると訴える手段をとる．自衛のために，ドイツ人たちはこのジェスチャーを代わりに使うことがある．指の動きは同じであるが，こめかみの代わりに頬に指を押しつけることで，歯が痛いかのように振る舞うことができるからである．
地域 ドイツ．

60 CHEEK SLAP　頬叩き

(意味) ショックを受けて驚く．
(動作) 自分の頬を軽く叩く．
(背景) 誰かに頬を叩かれている動作をまねている．「誰かに平手で叩かれたときのように驚いている」というメッセージを伝える．平手打ちされてもしかたがないようなばかなことをした，と急に気づいたときにする．
(地域) 広範囲に普及．

61 CHEEK SUPPORT（1）　頬杖（1）

(意味) 弱虫！
(動作) 頭を横にかしげ，故意に誇張して頬を片方の手のひらにもたれかけるようにする．
(背景) 赤ん坊のように振る舞っていることを表わす，冷やかしのジェスチャー．母親にぴったり寄り添い，頬を母親の身体に心地よさそうに押しつける子供っぽい動作をまねている．
(地域) スペイン．

62 CHEEK SUPPORT（2）　頬杖（2）

(意味) 疲れている．
(動作) 前項参照．
(背景) 頭を枕に横たえる動作をまねている．このジェスチャーは前項と間違えやすいが，通常は顔により疲れた表情が現われる．
(地域) ヨーロッパでは一般的．他の地域でも広範囲に普及．

63 CHEEKS INFLATE　頬ふくらませ

意味　太っている．
動作　両頬をふくらませる．両手でも，大きな丸い体型を表わす．
地域　広範囲に普及．

64 CHEEKS STROKE(1)　両頬撫で(1)

意味　やせ細り，病気である．
動作　親指と人さし指で両頬を挟み，下方に下ろす．
背景　病気か不自然に痩せているため，頬が落ちこんだり痩せこけていることを示す．
地域　ヨーロッパで広範囲に普及．オランダ，ドイツ，イタリアではよく使われる．

65 CHEEKS STROKE(2)　両頬撫で(2)

意味　美しい．
動作　前項と同様であるが，より優しく撫でるような動きになる．親指と人さし指の先を，顎の先で合わせることもある．
背景　ギリシャ美人の理想を表わすものとして使われ，1832年頃から知られているジェスチャー．古代ギリシャ人は，女性の顔が卵型であることを好み，このジェスチャーはこの顔の輪郭を描いたものといわれた．
地域　今日でも，ギリシャ北部ではよく使われる．ギリシャの他の地域や地中海地域でもときおり見られる．

66 CHEST BEAT　胸連打

(意味)　私は強い.
(動作)　自分の胸を,片手あるいは両手のこぶしで数回叩く.
(背景)　女性の胸ではやりにくいので,男性が自分の男らしさを強調する方法として好んで用いる.
(地域)　広範囲に普及.

67 CHEST CROSS　胸十字

(意味)　私は誓う.
(動作)　両手を交差させ,胸の上に平らに置く.
(背景)　両手を重ねて神聖な十字のサインを作る.誓いを述べるとき,祈るとき,死体が正式に横たえられるときに度々見られる.
(地域)　イタリアでよく見られる.

68 CHEST HOLD　胸押さえ

(意味)　私のこと?
(動作)　片手の手のひらを胸に置く.
(背景)　何か非難されて,「誰のこと,私のこと?」と答えるような場合によく使われる.その際,片手か両手をしばらくの間自分の胸に当てる.西欧社会では,その人の自我は胸部に存在すると考えられ,胸は「自分自身」を示すものとしてしばしば使われた.この連想の由来は,魂が息の中に具現すると信じられていた時代に遡る.肺は胸部にあるので,これが魂の中心に違いないと考えられたのであろう.
(地域)　広範囲に普及.とくに西欧社会.

69 CHEST POINT　胸指し

(意味)　私のこと？
(動作)　人さし指で胸を指す．
(背景)　前項と同様に，胸部は自我の在る所として使われるが，メッセージは多少異なる．前項のジェスチャーには，通常「それは私ではない」といった否定の要素が含まれているが，このジェスチャーの場合は，「あなたが言っているのは私のこと？」といった，より単純な問いかけとなる．また，会話中に自分のことに言及するときにも使われる．
(地域)　広範囲に普及．

70 CHEST PRESS　胸押し

(意味)　彼は欲張りだ．
(動作)　片手か両手の握りしめたこぶしを胸部に押しつける．
(背景)　何もかも自分の懐に抱え込んでいる人という意味合いをもつ．
(地域)　イタリアと南アメリカ．

71 CHEST STROKE　胸撫で

(意味)　彼は欲張りだ．
(動作)　人さし指と中指をそろえ，他の指は握って，胸部を上下に撫でる．
(背景)　胸に触れることは「私」を表わす一般的方法なので，このジェスチャーは自分のことしか考えないような人のことを指す．
(地域)　イタリア．

72 CHEST TAP(1) 胸叩き(1)

意味 私！
動作 指先を軽く丸めた片手，あるいは両手で胸部を軽く叩く．
背景 自我の在る場所として胸を使っている．通常，会話中に「自分」を強調する方法として用いる．
地域 世界各地．

73 CHEST TAP(2) 胸叩き(2)

意味 うんざりだ．
動作 片手の指を下向きにし，ゆっくり規則的に胸部を軽く叩く．
背景 消化不良に対する反応のまね．相手の話が受け入れにくく不消化だということを意味している．
地域 イタリア．

74 CHEST THUMP 胸強打

意味 女．
動作 （男性が）胸部を両手のこぶしで一回強く叩く．
背景 両手のこぶしは，女性の胸を象徴している．
地域 ギリシャ．

75 CHEST-MOUTH-FOREHEAD SALAAM
額手礼(完全形)

意味　出会いや別れの正式な挨拶.
動作　片手で胸,口,額の中央の順に触れ,最後にその手をかざす.しばしばお辞儀を伴う.
背景　これは,三か所に触れる「額手礼(salaam)」の完全な形である.メッセージは,「私の心,魂,知力をあなたに捧げます」となる.正式な場で用いられることが多い.日常的には,ある要素が省略された形が用いられる.最も一般的な省略形は,額のみ(⇨ 285),額と胸(⇨ 294),口のみ(⇨ 469),口と額(⇨ 472)である.
地域　アラブ社会.

76 CHIN CHUCK　顎下触り

意味　元気を出して.
動作　人さし指で優しく相手の下顎に触れ,わずかに上を向かせるように軽く押し上げる.
背景　不幸なことがあったり憂鬱なときには顎が下がり,元気なときには顎が上向きになることに由来する.顎を優しく押し上げることで,相手を元気づけようとする.Keep your chin up.「元気を出して」という言葉を添えることも多い.
地域　広範囲に普及.

77 CHIN FLICK (1) 顎はじき (1)

(意味) いいえ.
(動作) 指の背で,顎の下を数回かすめるようにし,頭は後方へ引く.急いでする場合は,顎の下を一回だけこすったり,数回動かしても実際には顎に触れないこともある.
(背景) 手の動きによって後方への頭そらしが増幅される.「ギリシャの頭そらし(Greek Head Tilt)」の変形版である.
(地域) シシリーとサルジニアを含む,ナポリ以南のイタリア.マルタやコルフでもよく使われる.

78 CHIN FLICK (2) 顎はじき (2)

(意味) 攻撃的な冷淡さ.
(動作) 前項参照.
(背景) このジェスチャーは異なる起源をもつ.象徴的な「顎ひげ投げ(Beard Flip)」がその由来で,自分の架空のひげを相手に向かって投げる.フランスでこの動作が la barbe,つまり「顎ひげ」として知られている事実もこの起源説を支持している.このジェスチャーの象徴的な意味は,「私の男らしさを見せてやろう」で,次のような脅迫的なメッセージを伝える.すなわち「邪魔者はどけ」「黙れ」「どうでもいいさ」「知るもんか」「もうたくさんだ」「うんざりだ」.
(地域) ベルギー,フランス,北イタリア,チュニジア,旧ユーゴ.

79 CHIN FLICK (3) 顎はじき (3)

(意味) 不信.
(動作) 前項参照.
(背景) ヨーロッパの特定の地域では,やや攻撃的な不信感を表わすこともある.伝達するメッセージは,「信じない」「嘘つき」「真実のかけらも

ない」となる.
[地域] ギリシャ, 北フランス.

80 CHIN FLICK(4) 顎はじき(4)

[意味] 何も持っていない.
[動作] 前項参照.
[背景] 多数のメッセージをもったこのジェスチャーのもう一つの意味. 特定の地域ごとにさまざまな意味があるが, 一つの共通点は, 「否定の合図」である.
[地域] ギリシャ.

81 CHIN FLICK(5) 顎はじき(5)

[意味] 知らない.
[動作] 前項参照.
[背景] 否定的な合図. 「いいえ」を意味する顎はじきの変形である.
[地域] ポルトガル.

82 CHIN GRASP(1) 顎つかみ(1)

[意味] 賢さ.
[動作] 水平に構えた親指と人さし指で, 顎をつかむ.
[背景] 手は架空か実際の顎ひげを握る. 顎ひげのある人はみな成熟していて賢いという意味. 明らかに, 男性優位社会から生まれたジェスチャーである.
[地域] サウジアラビア.

29

83　CHIN GRASP(2)　顎つかみ(2)

(意味)　約束する.
(動作)　右手の手のひらで顔を顎のところまで撫で下ろし,親指と他の指の指先で顎をつかむ.
(背景)　顎をつかむところが前項と次項のジェスチャーと似ている.しかも,三つとも同じ地域で見られるので混乱しやすい.
(地域)　サウジアラビア.

84　CHIN HOLD　顎握り

(意味)　どうぞお助けを.
(動作)　顎を右手の指先でつかむ.
(地域)　サウジアラビア.

85　CHIN HOOK(1)　顎掛け(1)

(意味)　挑戦的な侮辱(やぁーい!).
(動作)　親指を顎の下に引っかけ,数回前方へ強くはじく.
(背景)　「顎はじき」(⇨77〜81)に関連が深く,子供たちが使うことが多い.かつては嘲りの表現として一般的であったが,今日ではそれほど使われない.
(地域)　ヨーロッパ,とくにオランダとフランス.

86 CHIN HOOK(2) 顎掛け(2)

(意味) 終わりだ.
(動作) 前項参照.
(背景) 「顎はじき」(⇨ 77〜81) のもう一つの変形版. もはや存在しない, あるいは滅びたという意味で使われる. 「顎はじき」と同様に, このジェスチャーも否定のメッセージを伝える.
(地域) ポルトガル.

87 CHIN JUT 顎突き出し

(意味) 脅威.
(動作) 相手に対して顎を突き出す.
(背景) 人間の顎は霊長類の間では特有で, 下顎の外側へ突き出た骨は, 他の種には見られない. 女性より男性に顕著で, 成人男性の顎ひげを支えるものとして進化してきたようだ. 原始時代はひげを剃っていないので, 前方攻撃を意図して顎を突き出すということは, 敵に向かって顎ひげを突き出すことと同じであった. ひげをきれいに剃った今日の男性も, 顎を突き出すと敵意のある行為と受け取られる. 顎を突き出す行為は女性にも見られるが, 顎が小さいので必然的にこのジェスチャーの印象は弱くなる.
(地域) 世界各地.

88 CHIN KNUCKLE 顎げんこつ

(意味) あなたの責任だ.
(動作) 片手を握って指関節を顎の下に当て, 前方にこすり出す.
(地域) インドネシア.

89 CHIN LIFT 顎上げ

- 意味 そんなことは超越している.
- 動作 顎を高く上げ，両目を閉じるか，相手を見下すように見る.
- 背景 「気取った姿勢」で，今日では本気で使われることは稀である.平等主義的な社会風潮の中では，このように露骨に地位の高さを表わすことは受け入れられない.しかし，冗談で侮辱され，怒ってみせるときに使うことは今でもよくある.「傲慢な態度(nose in the air)」や「鼻上げ」(⇨ 521) ともいわれる.
- 地域 世界各地.

90 CHIN POINT 顎指し

- 意味 向こう.
- 動作 顎を特定の方向に，少しの間突き出す.
- 背景 両手が使えないときの略式の指示ジェスチャー.通常，物や人の場所を聞かれたとき，近距離に限って使われる.指で指すことが失礼だと考えられている文化でも見られ，その場合はより人目を引く「唇指し」(⇨ 442) の代わりに使われる.
- 地域 広範囲に普及.

91 CHIN RUB 顎こすり

- 意味 あなたを信用しない.
- 動作 指で顎をこする.
- 背景 無意識に顔に触れるジェスチャーは，相手の発言に対する不信感を示す.聞き手がこのジェスチャーをするときは，実際には次のようなことを伝えている.すなわち「あなた

を信用しないと言いたいが，失礼になるので言わないだけだ．だから私は葛藤状態にあり，この葛藤を和らげるために自分を落ち着かせるちょっとした動作をしている．自分に触れるということは，自分を落ち着かせる意味があるのだ」となる．話し手は，この複雑なメッセージをしばしば見過ごす．自分の考えで頭がいっぱいになっていて，相手の説得に失敗しているという手がかりを見失っているのだ．

[地域] 世界各地．

92 CHIN SCRATCH 顎掻き

[意味] 侮辱．
[動作] 人さし指と中指で顎を，下向きに掻くようにする．
[背景] 「あなたを信じられない」という意味で無意識に使われていた「顎こすり」(⇨91)が，意図的な様式化された形となったもの．「あなたはくだらないことを言っている」という侮辱の意味をもつ．
[地域] ドイツ，オーストリア．

93 CHIN STROKE(1) 顎撫で(1)

[意味] 考え中．
[動作] 片手でそっと顎を撫でる．
[背景] 物思いに沈んだときにする「顎ひげ撫で(1)」(⇨21)を，ひげのない状態で行なったもの．この無意識の行為は基本的動作なので，ひげがなくても使われるが，ひげとの関連から女性よりは，きれいに顎ひげを剃った男性が一般的に用いる．
[地域] 世界各地．

94 CHIN STROKE (2) 顎撫で (2)

(意味) 尊敬.
(動作) 顎ひげを優しく撫でるように，指で顎を下向きに撫でる.
(背景) 「顎つかみ (1)」(⇨82) の変形版で，男性の顎ひげを成熟や英知を象徴するものとみなしている.
(地域) サウジアラビア.

95 CHIN STROKE (3) 顎撫で (3)

(意味) 確実！
(動作) 親指と人さし指で顎を撫でる.
(地域) ブラジル.

96 CHIN SUPPORT 顎杖 (あごづえ)

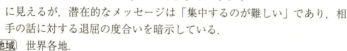

(意味) 退屈.
(動作) 片手で顎を支える.
(背景) 話し手に注意を集中しようと試みるときに使う．このしぐさをすると考えごとをしているように見えるが，潜在的なメッセージは「集中するのが難しい」であり，相手の話に対する退屈の度合いを暗示している.
(地域) 世界各地.

97 CHIN TAP 顎叩き

(意味) うんざりだ.
(動作) 顎を下側から数回軽く叩く.
(背景) もうたくさんだというメッセージを伝え

る．もともとは，満腹を示したが，今はお腹が一杯というより，感情的にうんざりであることを示す場合が多い．
(地域) 西ヨーロッパとアメリカ大陸．

98 CHIN THUMB(1) 顎親指(1)

(意味) 私は何も持っていない．
(動作) 親指を顎に当て，他の指を扇形に広げて左右に振る．
(背景) 「鼻親指(1)」(⇨515)の穏やかな変形版．基本的メッセージは「あっちへ行って．これ以上邪魔しないで」となる．市場で見られることが多い．
(地域) コロンビア．

99 CHIN THUMB(2) 顎親指(2)

(意味) 待ちぼうけ．
(動作) 前項参照．
(背景) 社交的な場面では，「否定」ではなく「失望」を意味するようになる．市場での「私は何も持っていない」というメッセージは，「私には運がない」という意味に変わる．
(地域) コロンビア．

100 CHIN TOUCH 顎タッチ

(意味) 彼は柔弱だ．
(動作) 人さし指の先を顎の下に当て，顔の表情は優しく微笑む．
(背景) 女性のしぐさをまねて，相手が男らしくないと侮辱するジェスチャー．男性が使い，メッセージは「彼

は柔弱な男だ」となる.
(地域) 南アメリカで一般的だが，他の地域でも見られる.

101 CHIN WITHDRAW 顎引き

(意味) 恐怖.
(動作) 顎を引っ込める.
(背景) 攻撃的な「顎突き出し」(⇨87) の正反対にあたる動作. 身体を脅されたときに無意識にとる自己防衛行為であるが，怯えたり，怖がったりしていることを意図的に伝えるジェスチャーとしても使われる.
(地域) 世界各地.

102 CLOTHING PULL (1) 衣引き (1)

(意味) くどい.
(動作) 聞き手が衣服の一部を束にしてつかみ，前か片側に強く引っ張る.
(背景) 基本的には退屈を示す. 聞き手がしてほしいこと，つまり退屈な話し手から引き離してほしいことを，手でまねたのである.
(地域) 南アメリカ.

103 CLOTHING PULL (2) 衣引き (2)

(意味) 彼女は妊娠している.
(動作) 妊娠を示すために，衣服を前に引っ張る.
(背景) 妊娠していることを示す. たとえ，当の女性のお腹がまだ大きくなっていなくても，実際には「こうなる」ということを意味している. 単に妊娠を知らせるためか，悪意を込めた噂としても使われる.

(地域) 南イタリア.

104　CLOTHING SHAKE(1)　衣振り(1)

(意味) 彼とは別れた.
(動作) 手で，服から架空の塵を払うようにする.
(背景) 「私はこの関係から足を洗う」という象徴的な意味をもつ. 意味をさらに誇張するときは，地面に唾を吐いて，さらに喉もきれいにしてみせる. 通常，女性のみが用いるジェスチャー.
(地域) ジプシー社会.

105　CLOTHING SHAKE(2)　衣振り(2)

(意味) 無関係.
(動作) 両手で力強く自分の衣服を振り動かす.
(背景) 悪いニュースを伝えるときに使われるジェスチャー. メッセージを伝えた人が非難されないことを保証してもらうために用いる.
(地域) アラブ諸国.

106　COLLAR HOLD　襟つかみ

(意味) 我々はだまされている.
(動作) 片手で自分の衣服の襟を持ち上げる.
(背景) 18世紀から知られている古いジェスチャーで，相手が何らかの方法でだまそうとしていることに気づいたときに使われる. 普通は，首と襟の間に指を入れ，衣服を少し持ち上げる. 片手を差し込んで，手の甲で首をさすることもある. 詐欺師に知られないようにするなら，ひそかに片手を襟のところにもっていき，このジェスチャーを始める素振りをする. 不信を抱いたら，このジェスチャーをしようと

するだけで，詐欺に気づいていると伝えることができる．
(地域) イタリア，とくにナポリ地域．

107　COLLAR PULL　襟引き

(意味) ばれそうだ．
(動作) 人さし指で襟をゆるめるように強く引く．
(背景) 無意識に用いられるジェスチャーで，feeling hot under the collar「かっかとなる」という句の基になっている．嘘を言って見破られるのではないかと恐れていると，体温が多少上昇し，肌が不快な状態になるので，無意識に手で襟をゆるめることになる．
(地域) 広範囲に普及．

108　CROTCH SCRATCH　股掻き

(意味) 性的侮辱．
(動作) 片手で目立つように男性器を掻く．
(背景) 甚だしい侮辱として使われる男性のジェスチャー．闘牛士が野次る観衆への報復として行なうように，普通は侮辱している相手から距離をとって用いる．アメリカ合衆国南部で，自由を求めるデモ隊に対して警官がこのジェスチャーをしている写真もある．二つの侮辱的要素があり，一つは「お前たちは人間のくずだから，男性器を掻いても平気だ」という侮辱，もう一つは Up yours!「くそったれ」という一般的な男根に関する侮辱で，手で掻くことで，関連する身体部分に注意を喚起することになる．
(地域) 中央アメリカ，とくにメキシコ．北アメリカ南部でも見られる．

109 CROWN TOUCH　頭上触り

意味　誓う．
動作　平らにした手のひらを頭の上に置く．
背景　自分に対して「手を触れて祝福する」ジェスチャーをする．
地域　中東．

110 CUFF HOLD　袖口つかみ

意味　不安感．
動作　片手でシャツの袖口を整える．
背景　多少神経質になっていることを表わす無意識の動作で，公式の場でよく見られる．訪問中の高官が招待者と挨拶をかわすために広場を横切って行く時などに見受けられる．落ち着かなくて，手で袖口や腕時計，カフスボタンをもてあそぶことが，無意識に自分の身体の前に防御壁を作ることとなり，安全を確保している感覚が増す．女性の場合は，腕にかけたバッグの位置をわずかに調整したりする．このような動作は，「防御の合図 (barrier signals)」として知られている．
地域　西欧社会．

111 EAR CIRCLE　耳回し

意味　おとなしくしないと，罰を与えるよ！
動作　伸ばした人さし指で，耳の回りに円形を描く．
背景　親が行儀の悪い子供に対してする様式化した脅しで，やめないなら後で罰を与えることを暗示している．一般的な「耳つかみ」(⇨ 116) の特定地域版であるが，「耳つかみ」の場合は，親が自分の耳を引っ張って，後でこうするよと脅かす．子供の耳をつまんだり強く引っ張ることは，

親が与える罰の形として多くの文化で見られる．
(地域) サウジアラビア．

112　EAR CUP　耳カップ

(意味) もっと大きい声で！
(動作) 片手を耳の後ろに当てる．
(背景) 人為的に耳翼のアンテナを拡大させて，聞き手が相手の言葉を聞こうとするときに使う．相手の話し声が小さいことを示すジェスチャーとしても使われるが，そのときの手は，ほんの少しの間だけ耳にあてがわれる．
(地域) 世界各地．

113　EAR FLICK(1)　耳はじき(1)

(意味) 彼は嫌いだ．
(動作) 人と話しているときに，耳をはじく．
(背景) 「あの人は不愉快なので，誰か彼を罰するべきだ」という意味．親が子供の耳をつかんで罰する一般的なやり方に関連している．
(地域) ロシア．

114　EAR FLICK(2)　耳はじき(2)

(意味) 彼は柔弱だ．
(動作) 耳を後ろから数回はじく．
(背景) これは男性から男性への侮辱として使われ，「君は柔弱だからイヤリングでもすれば」というメッセージを伝える．耳をはじくときの人さし指の動きは，女性がイヤリングへ注意を引こうとする動作のまねである．「耳引っ張り」（⇨ 128）は同様のメッセージを伝える．

(地域) イタリア.

115　EAR FLIP　耳飛ばし

(意味) 文句を言うな.
(動作) 人さし指を耳の後ろに掛けるようにし，次に前方へはじく.
(背景) 異議を唱えることをやめないなら，耳をつかんで引っ張るという脅しである.
(地域) サウジアラビア.

116　EAR GRASP　耳つかみ

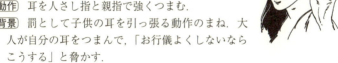

(意味) 警告.
(動作) 耳を人さし指と親指で強くつまむ.
(背景) 罰として子供の耳を引っ張る動作のまね. 大人が自分の耳をつまんで，「お行儀よくしないならこうする」と脅かす.
(地域) ギリシャやトルコでよく見られるが，他でも知られていないわけではない.

117　EAR HOLD(1)　耳つまみ(1)

(意味) 不信.
(動作) 耳を人さし指と親指でつまむ.
(背景) 「私は自分の耳を信じない」というのが，もともとの意味である.
(地域) 北ヨーロッパの一部. とくにスコットランド.

118 EAR HOLD（2）　耳つまみ（2）

(意味) たかり屋．
(動作) 親指と人さし指で耳たぶをつかむ．
(背景) バーで飲んでいて，自分がおごる番になっても酒代を払えないような男に対して使う．「耳たぶが下がっているように，彼は私に請求書をぶら下げていった」という意味になる．
(地域) スペインとカナリー諸島．また，イギリスのロンドンの一部でも報告されており，そこではたかり屋のことを He is on the ear'ole. と表現する．

119 EAR NIBBLE　耳たぶかじり

(意味) 愛している．
(動作) 相手の耳を優しくかじる．吸ったり，鼻をこすりつけたり，なめることもある．
(背景) 性交の前戯の一部．性欲を刺激すると耳たぶは充血して敏感になる．人類に特有なこの柔らかい耳たぶは，そのほかに機能がないので，付加された性感帯としてとくに進化してきた．
(地域) 世界各地．

120 EAR PULL　耳引き

(意味) 率直に言ってください！
(動作) 腕を頭の上に回し，手で逆側の耳を引っ張る．
(背景) 故意に手をねじ曲げたジェスチャーで，相手のコメントが理解しにくいことを表わす．複雑でない，単純で率直な言葉を要求している．
(地域) ユダヤ人社会．

121　EAR RUB(1)　耳こすり(1)

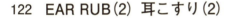

意味　聞きたくない.
動作　親指と人さし指で，耳をこするようにする.
背景　聞こえてくる言葉を消したいときに，大人が無意識に使うジェスチャー．不快な音に対して露骨に耳を覆うという反応の偽装版である．耳を覆いたいと密かに思っても，相手に失礼だとの思いがよぎる．しかし，手を耳にやるのを止められず，つい耳を触ってしまう．意図的に耳に触る他のさまざまなジェスチャーとは混同しないように．
地域　世界各地.

122　EAR RUB(2)　耳こすり(2)

意味　答えてほしいのか？
動作　人さし指と親指で耳たぶをこする.
背景　前項のジェスチャーとは違って，これは意図的な動作である.
地域　サウジアラビア.

123　EAR SCRATCH　耳掻き

意味　困惑.
動作　人さし指を曲げて，耳の後ろを掻く.
背景　困惑したときに身づくろいする，無意識の動作．動作者は当惑しているか，今聞いていることを信じていないことを示している.
地域　世界各地.

124　EAR TAP　耳叩き

(意味)　加護.
(動作)　耳を人さし指で軽く叩く.
(背景)　加護を求めて「木に触る (touching wood)」に似ている. 昔は金属製品の方が価値があり, 魔法の力があると考えられていたため, 木より金属に触ることが多かった. そして, 人間の身体の部分で金属製品が最も一般的に身につけられるのは, 大きな装飾用のイヤリングがつけられる耳だったのである.
(地域)　トルコ.

125　EAR THUMB(1)　耳親指(1)

(意味)　ふざけた侮辱.
(動作)　親指を耳につけ, 他の指を扇形に広げて相手に向かって振る.
(背景)　同時に両手を使う「両耳親指」(⇨134) を弱めた形.「お前は愚かなロバのような大きな耳をしている」と言いながら子供たちがよくする, ふざけた侮辱である. つまり「お前はばかだ」という意味.
(地域)　世界各地.

126　EAR THUMB(2)　耳親指(2)

(意味)　私にはお金がない.
(動作)　前項参照.
(背景)　このジェスチャーの起源ははっきりしない. 侮辱を表わす前項の地域変形版であろうと考えられるが, 意味は動作者自身へ向けられている. つまり,「私はお金を使い果たしてしまうような愚かなロバだ」という意味.
(地域)　ポルトガル.

127　EAR TOUCH　耳タッチ

(意味)　密告者.
(動作)　指で耳を触る.
(背景)　当局や敵に情報を伝えるために誰かが聞き耳を立てているという意味で使われる.
(地域)　地中海のマルタ島で見られる. また, たかり屋 (ear'oling)(⇨ 118) として知られているイギリスのスタフォードシャーからも報告されている. 英国軍によってマルタ島へ伝えられたのかもしれない.

128　EAR TUG　耳引っ張り

(意味)　柔弱.
(動作)　親指と人さし指で耳たぶを強く引っ張る.
(背景)　男から男への性的侮辱として使われ, 「女のようにイヤリングをつけろ」とからかわれる.「君は柔弱だから性的不能者だ」といった, さらに強い意味をもつ場合もあると報告されている. このほかの耳に触れるジェスチャーと混同されて, 不幸な結果を招くこともある.
(地域)　シシリーとサルジニアを含むイタリアに限られる.

129　EAR WIGGLE　ピクピク耳

(意味)　すばらしい！
(動作)　耳たぶを親指と人さし指で柔らかくもち, 軽く振る.
(背景)　男性が, すばらしい女性やおいしい食べ物に言及するときに使う. 客側が食事がおいしいとほめるとき, 人さし指にキスをした後でこのジェスチャーをする. behind the ear という句を伴うこともあるが, 起源は明らかでない. ときどき「柔弱」を意味するイタリアの「耳はじき (2)」(⇨ 114) や「耳つまみ」(⇨ 117, 118) と混同され, 悲惨な結果をもたら

45

す.
(地域) ポルトガル, ブラジル. またカリフォルニア大学バークレー校のキャンパスでも「喜びのサイン」として観察されたが, どのようにして伝わったかは明らかではない.

130　EARS BLOCK　耳ふさぎ

(意味) 音を立てるな！
(動作) 人さし指の先を両方の耳へ入れる.
(背景) もともとは大きな音から耳を守る動作. 音を立てるのをやめてほしいと頼むときの意図的なジェスチャーとしても使われる.
(地域) 世界各地.

131　EARS COVER　耳覆い

(意味) 音を立てるな！
(動作) 手のひらを両側の耳の上にぴたりとつける.
(背景) 前項のジェスチャーの代わりに使われる.
(地域) 世界各地.

132　EARS FAN　耳扇(おうぎ)

(意味) 性的侮辱.
(動作) 小指の先を両耳に入れ, 手全体は扇形に広げる.
(背景) 「寝取られ夫」のアラビア型サインで, お前の奥さんは不誠実だという意味. 起源としては, お前は雄鹿のように枝角を生やすべきだということを暗示している. 地中海地域でより一般的な「寝取られ夫」のサイン（雄牛をまねて角を出すサイン）と対比されるが, 両者とも犠牲者

の妻に対して誰かが（雄鹿や雄牛のように）さかりがつくということを示している．厳格なアラブ社会では，男性に対する最もひどい侮辱の一つで，状況によっては容易に殺人にまで発展しかねないような，強い効力をもつ．

(地域) シリア，サウジアラビア，レバノンの一部．

133　EARS GRASP　両耳つかみ

(意味) 自責の念．
(動作) 両方の耳たぶを手でつかむ．
(背景) 不適切な行為をして叱られている召使がする動作．
(地域) インド．

134　EARS THUMB　両耳親指

(意味) ふざけた侮辱．
(動作) 親指を両方の耳に入れ，その他の指を相手に向けて振る．舌を突き出すことが多い．
(背景) 子供たちの間で使われる軽い侮辱．「ロバの耳(donkey ears)」とも呼ばれ，長い耳をした愚かなロバのようだという意味で使う．
(地域) 広範囲に普及．

135　ELBOW BANG　片肘突き

(意味) 彼は欲張りだ．
(動作) 腕を曲げて肘で机をドンと叩く．
(背景) 誰かが欲深いということを意味している．
(地域) ウルグアイでよく使われるが，ラテンアメリカ各地でも知られている．

136　ELBOW RAISE　片肘上げ

(意味)　逆脅迫.
(動作)　曲げた肘を，相手に向けてすばやく上げ下げする.
(背景)　侮辱されたり，やんわりと脅迫されたときに，このまま去らなければこの肘で攻撃するぞという意味で使う.「もう我慢できない」とか「自分の身は守る」という意味の様式化された報復のしかた. Get out of it!「出ていけ」とか Clear off!「邪魔者は去れ」などの句を伴うこともある.
(地域)　ヨーロッパ.

137　ELBOW TAP(1)　片肘叩き(1)

(意味)　卑劣な.
(動作)　肘を，もう片方の手のひらで数回軽く叩く.
(背景)　取引で誰かが不正を働いていることを示している.
(地域)　オランダ.

138　ELBOW TAP(2)　片肘叩き(2)

(意味)　君はまぬけだ.
(動作)　前項参照.
(背景)　「君が頭を使うのはここだ」というメッセージを伝える.
(地域)　ドイツ，オーストリア.

139　ELBOW TAP(3)　片肘叩き(3)

意味　欲深い.
動作　前項参照.
背景　地元でtacaño「けち」として知られている.「片肘突き」(⇨ 135)の変形版で,誰かがいつも欲深く,お金にうるさいということを示す.
地域　南アメリカ.

140　ELBOW TAP(4)　片肘叩き(4)

意味　失せろ！
動作　上げた前腕の肘を軽く叩いて,手先を前後に揺り動かす.
背景　イタリア式の手振りジェスチャーの性的侮辱型で,前腕は直立した陰茎を象徴する.さようならとイタリア式に右手を振り,同時に左手で肘を叩くことで,このシグナルに男根象徴的な要素を加えている.
地域　イタリア.

141　ELBOW TAP(5)　片肘叩き(5)

意味　やめろ,畜生！
動作　上げた前腕の肘を軽く叩き,こぶしを前後に揺り動かす.
背景　攻撃的な男根象徴ジェスチャーで,通常「片肘叩き(4)」(⇨ 140)への返答として使われる.こぶしはより強力な,報復的メッセージをもっている.
地域　イタリア.

142　ELBOWS FLAP　両肘はためき

- 意味　臆病者.
- 動作　雌鶏のようにコッコッと鳴くまねをしながら，両肘をリズミカルに上げ下げする.
- 背景　鳥の羽をパタパタさせる単純なものまねで，「君は鶏だ」という意味.
- 地域　北アメリカ．他の地域でも知られている．

143　EYE RUB (1)　眼こすり (1)

- 意味　詐欺だ．
- 動作　人さし指で，眼や眼の回りをこする．
- 背景　眼を閉じていることを正当化したり，ごまかしの現場を見ていなかったという言いわけに使う．相手から急に視線をそらしたくなったときに眼をこすることは，目立たないのでやりやすい．次項の「眼こすり (2)」(⇨ 144) と違って無意識にされるので，かえって有効な手がかりとなる．動作者自身が嘘をついているか，相手が嘘をついているかのどちらかであるが，いずれの場合も，動作者は相手の視線を避けることができる．
- 地域　広範囲に普及．

144　EYE RUB (2)　眼こすり (2)

- 意味　無関心．
- 動作　右手のこぶしで左目をこする．
- 背景　無関心を表わすジェスチャー．批判的なコメントをされても気にしないことを表わしている．
- 地域　ヨーロッパ．

145　EYE 'TELESCOPE'　望遠鏡

(意味)　彼女は美しい！
(動作)　眼の前に両手で管を作り，望遠鏡を通して覗く動作をまねる．
(背景)　「覗き魔のトム（Peeping Tom）」の動作を冗談でまねたもの．通常，男性が友人に可愛い子がいるよと知らせるときに使う．
(地域)　広く普及しているが，ブラジルで最も一般的．

146　EYE WINK　ウィンク

(意味)　共謀．
(動作)　相手を見ながら，片目をつぶってまた開ける．
(背景)　意図的な片目のウィンクは，ウィンクをした側とされた側が共通の秘密をもつことを意味する．この共謀の考え方は，相手に向けられた閉じた眼は相手との秘密を守り，他の人に向けられた開いた眼は，その他の人を親密な一瞬から締め出すという考えに基づいている．すでに親しい人との間では個人的な理解が共有される瞬間となり，見知らぬ人に対してはこれから親密さを共有しようと誘うことになる．つまり浮気のシグナルである．エチケットの本ではウィンクは下品なジェスチャーとされ，売春の客引きの行為として描かれる．
(地域)　西欧社会．広範囲に普及しつつある．

147　EYE WIPE　目頭拭き

(意味)　あなたが私を悲しくさせる．
(動作)　涙は出なくても，泣いているかのように眼を拭く．

(背景) 涙を拭うのをまねたジェスチャー．親が小さな子に対して，「お前があんまり行儀が悪いからお母さんは泣いてしまう」というように使うことが多い．
(地域) 広範囲に普及．

148 EYEBROW COCK　片眉上げ

(意味) 疑い．
(動作) 片眉を上げ，もう一方は下げたままにしておく．
(背景) 片方は眉をひそめ，もう一方は驚きを示すという混成型のジェスチャー．半分は攻撃的で，半分は怯えているというこのシグナルは，相反する雰囲気をもっている．行為者が何かにびっくりさせられているが，このショックが正しいかどうかについては疑いをもっているということを示す．
(地域) 広範囲に普及．

149 EYEBROW SMOOTH　眉撫でつけ

(意味) 同性愛者．
(動作) 小指の先を舌で湿らせ，眉毛を優美に整えるように撫でつける．
(背景) 優美に眉毛を撫でつける動きが，女性の化粧への関心を風刺的に表わし，男の柔弱さを示す．軽い冗談か，本気で侮辱するときに使う．
(地域) 広範囲に普及．

150 EYEBROWS FLASH (1)　両眉瞬き(1)

(意味) 挨拶．
(動作) 微笑みながら，両眉を，1/3秒間にすばやく一回上下させる．

(背景) 文化的背景の如何にかかわらず，人間の典型的な友好的挨拶である．無意識に行なわれるため，気づいていない人も多い．何かに注目すると眼はより大きく見開かれるが，人に会った時にもそうなるのである．両目を開けると，両眉も上がる．認識後は，両目は少しリラックスし，両眉はいつもの位置に戻る．
(地域) 世界各地．

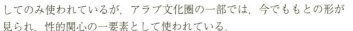

151 EYEBROWS FLASH（2） 両眉瞬き（2）

(意味) 浮気心．
(動作) 誇張したやり方で，両眉をすばやく上げ下げする．
(背景) これは，コメディアンのグルーチョ・マルクスが，喜劇で浮気を表現するときに使った眉の動きである．日常の挨拶での眉の上げ下げを意図的に誇張したもの．今日の西欧社会ではジョークとしてのみ使われているが，アラブ文化圏の一部では，今でももとの形が見られ，性的関心の一要素として使われている．
(地域) 広範囲に普及．

152 EYEBROWS FLASH（3） 両眉瞬き（3）

(意味) いいえ！
(動作) 両眉をすばやく一度上げ下げする．微笑みではなく，深刻な当惑したような顔の表情を伴う．
(背景) 否定を意味するギリシャの「頭上げ（1）」（⇨413）はこのジェスチャーを伴う．ごく近距離では頭を後ろに引かずに，単に両眉を上げ下げすることで否定の合図を送る．
(地域) ギリシャ．

153 EYEBROWS KNIT　両眉寄せ

(意味)　深刻な心配事.
(動作)　両眉を同時に上げて，中央に寄せる.
(背景)　筋肉が両眉を上げようとも下げようともする，矛盾した表情である．下げようとする動きは，両眉を接近させると同時に上に押し上げる．悲しみや慢性の痛みを表わし，恐れと怒りの両方の要素を含む．長い間悲しみを経験している人はその表情を強く持ち続けているので，ついには両眉が斜めになってしまう.
(地域)　世界各地.

154 EYELID PULL(1)　あかんべえ(1)

(意味)　だまされないぞ.
(動作)　人さし指の先で，下まぶたを下に引き，普通より眼を大きく開けるようにする.
(背景)　眼を強調することで，自分は何が行なわれているかを知っており，だまされないぞというメッセージを伝える．嘘だろう，信じないということを意味することも多い．古くからあるジェスチャーなので，よく知られた多くの決まり文句がある．すなわち，There is no green in my eye.「おれの眼に緑，つまり未熟なところはない」，All my eye and Betty Martin.「ベティ・マーチンがそのだんなをだましたようには私はだまされない」，I don't have a wooden eye.「木でできた眼なんか持ちあわせていない」，No sand in my eye.「私の眼に砂など入っていない」.
(地域)　広範囲に普及．多くのヨーロッパ諸国で見られる．とくに，イギリス，スカンジナビア，ドイツ，ベルギー，フランス，ポルトガル，旧ユーゴ，ギリシャ，トルコ.

155 EYELID PULL(2) あかんべえ(2)

意味 用心せよ.
動作 前項参照.
背景 この形では，用心するのはジェスチャーをしている人ではなく，相手である．メッセージは「用心せよ」「油断なく警戒せよ」「面倒なことがある」となる．
地域 広範囲に普及．多くのヨーロッパ諸国で見られる．とくに，オランダ，スペイン，イタリア．チュニジアでも見られる．

156 EYELID RUB まぶたこすり

意味 邪視からの保護.
動作 人さし指の先で軽くまぶたをこする.
背景 邪視をもっていると恐れられている人から，密かに動作者を守るジェスチャー．昔は悪魔の魂をもつ不運な人々がいて，いたるところで大損害を引き起こし，彼らが見たものは何でも災難を被ると信じられていた．その結果，人々を守るために多くの魔除けが使われ，邪悪さをかわすために特別のジェスチャーが作られた．このあまり目立たないまぶたをこするジェスチャーは，邪視をもつ人に害を与えるために使われ，少なくとも自分を防御することはできるとされている．
地域 中東.

157 EYELID TOUCH(1) まぶた触り(1)

意味 君は愚かだ！
動作 右手の人さし指の先で右目の下まぶたに触る.
背景 眼を指して，君がどんなに愚かに振る舞っているか，はっきり見え

ると伝えている.「あかんべえ」(⇨ 154, 155) とよく似ているが，混同しないように.
(地域) サウジアラビア.

158 EYELID TOUCH(2) まぶた触り(2)

(意味) 彼女は美人だ！
(動作) 前項と同じだが，普通は笑顔で行なう.
(背景) 前項同様，眼を指して，関心のあるものを見たと強調する．この場合は魅力的な女性を見つけたのである.
(地域) 南アメリカ.

159 EYELID TOUCH(3) まぶた触り(3)

(意味) 私は誓う！
(動作) 右手の人さし指を右目の上まぶたに置く.
(背景) さまざまな誓いの形があるが，普通は身体の重要な部分に触れる．ここでは，動作者は眼で誓いを立てている.
(地域) サウジアラビア.

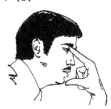

160 EYES 'BLIND' 両目隠し

(意味) 真実であることを誓う.
(動作) 指先を閉じた両目の上に置く.
(背景) 誓いを立てる方法の一つである．メッセージは「真実でなければ，眼が見えなくなるだろ

う」となる．自分の言葉が真実だと誓って，胸に十字を切るジェスチャー
と同様の役割を果たす．

[地域] オランダ．

---

161 EYES CLOSE 両目閉じ

[意味] 上流気取り．

[動作] 相手を見ながら両目を閉じ，両眉を上げ，
唇をすぼめる．

[背景] 両目をわざとらしく閉じ，驚きや嫌悪の表
情をする．何かがあまりにひどいので，両目を閉じて拭い去らなくては
という意味．実際のことであれ想像上のことであれ，不愉快なことを拭
い去るためによく使われる「さえぎり動作」を，気取ってやった形であ
る．

[地域] 西欧諸国．

---

162 EYES FLAP 両目はためき

[意味] 君は正気でない！

[動作] 眼の前に平らにかざした手を，上下にはた
めかせる．

[背景] 相手の見方が歪んでいることを示している．手のすばやい動きは，
象徴的にその世界の見方を邪魔しようとしている．

[地域] イタリア．

---

163 EYES FLUTTER まばたき

[意味] 私は無邪気よ．

[動作] 両目を大きく見開き，すばやくまばたきする．

[背景] 「まつ毛をパタパタさせないで！」という反応
を引き起こすジェスチャー．「私はこんなに大きく眼を見開くほど無邪

57

気なんだから，ごほうびをもらう価値があるわ」と伝えている．若く美しい女性が，警戒心の強い男性に向かって冗談に使うジェスチャーである．
(地域) 西欧社会．

164 EYES RAISE 両目吊り上げ

(意味) 激怒．
(動作) 両目を上に向け，空や天井をにらむ．舌打ちを伴うことも多い．
(背景) 不信感や軽蔑的な驚きを感じたときに，「神よ，助けたまえ」と言うかのように，両目を天に向ける．
(地域) 広範囲に普及．

165 EYES RING 眼鏡

(意味) 見えてるよ！
(動作) 両手で眼の回りに眼鏡を形づくる．
(背景) 遠くからじっと見て，冗談で仕返しをしようとしている人が使うジェスチャー．
(地域) 広範囲に普及．

166 EYES SIDE-GLANCE 横目使い

(意味) 私ははにかみ屋よ．
(動作) 頭を下げ気味にし，横目で相手を見る．
(背景) 顔の表情は二つの相反する信号からできあがっている．すなわち，1) 大胆にじっと見つめる，2) 内気に頭を下げ，少し顔をそらす．この向きから誰かをじっと見つめるには，横目を使うことになるが，この眼の使い方は「大胆な内気さ」を表わすため，必然的に奇妙で不自然と感じられる．逆に言えば，相手を正面か

らじっと見る率直さと，内気に眼をそらすチャーミングな謙遜さの両方を欠いている．お茶目ではにかみ屋的な効果をもち，その時の状況に応じて，相手をじらしたり，ふざけて哀願したりすることができる．

（地域） 広範囲に普及．

167　EYES STARE　凝視

（意味） 脅迫．

（動作） 両目を大きく開け，眼の回りの皮膚を引っ張るようにする．

（背景） 動きのない，冷酷な表情でじっと凝視することは，常に脅威を与える．これは人間ばかりでなく，猿や類人猿にも言える．顔の表情を変えずに凝視されたら，その時間にかかわらず，だんだん不快になってくる．プロのボクサーは闘いの前にしばしばじっとにらみ合い，相手を怖がらせる．凝視がそんなに相手をいらいらさせるのは，今にも攻撃が始まりそうだということを予感させるからである．

（地域） 広範囲に普及．

168　EYES WEEP　涙流し

（意味） 嘆き．

（動作） 涙が両目からこぼれ，両頬をつたって流れ落ちる．

（背景） 涙を流すのは霊長類の中でも人間に特異なもので，猿や類人猿は泣かない．人間の顔の皮膚の上では涙がはっきりと見えるため，遠くからであっても泣くことが視覚的に強力な表現となる．猿や類人猿は毛深いので，涙は毛の中に紛れ込んでしまい，表面的には何も表わせない．涙を流すことの第二の機能は，ストレスを発散することである．よい泣き方をするとすっきりするとよくいうが，これには生物学的な根拠がある．涙の化学に関する研究によれば，感情的な緊張感から泣くときはストレスの化学物質が涙液に含まれているが，単に塵が

眼に入ったときには涙にそのような化学物質は含まれないという．つまり，泣くと悲惨さや葛藤の結果生じた余分なストレスの化学物質が取り除かれ，気分がよくなるというわけである．

(地域) 世界各地．

169　FACE COVER　顔隠し

(意味) ショックだ！
(動作) 片手の指を広げ気味にして，顔を隠す．
(背景) 顔をさえぎって隠し，不快な状況から自分を引き離そうとする．本当にショックを受けて深刻な状況で使う場合と，ショックを受けたように見せかけて使う場合がある．
(地域) 広範囲に普及．

170　FACE DOWN-RUB　顔撫で下ろし

(意味) くたばれ！
(動作) 右手の手のひらで顔を上から下へ撫で下ろす．
(地域) 北アフリカ．

171　FACE SWIPE　かっぱらい

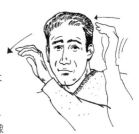

(意味) 気がおかしい．
(動作) 何か眼に見えないものをさっと取るように，顔の前で片手を横に動かす．
(背景) 誰かが気がおかしいというメッセージ．このジェスチャーは気のおかしい人が想像上の物をさっと取る動作をまねている．
(地域) オランダ．

172 FINGERNAILS POLISH 爪磨き

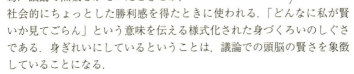

(意味) 何て私は賢いんだ！

(動作) 自分の爪に息を吹きかけ，次にその爪を上着の襟の折り返し部分で磨くようにする．

(背景) おどけて使われる自己賞賛の行為．議論で点数をかせいだときとか，社会的にちょっとした勝利感を得たときに使われる．「どんなに私が賢いか見てごらん」という意味を伝える様式化された身づくろいのしぐさである．身ぎれいにしているということは，議論での頭脳の賢さを象徴していることになる．

(地域) ヨーロッパとアメリカ大陸に広範囲に普及．

173 FINGERS BECKON 指招き

(意味) こっちへおいで．

(動作) 右腕を相手の方に伸ばし，手のひらを下向きにする．手首を少し下げ，指を軽く上下に動かす．

(背景) 西欧式の「人さし指を丸める手招き」の代わりに使われる東洋式手招き．西欧の手を振る別れの挨拶に似ているため混同されがちである．東洋式手招きは手首の角度が少し低いことだけが異なる．たとえば，日本人のツアー・ガイドが西欧人のグループに集合をかけようとこのジェスチャーをしても，逆に解散してしまい，はっとすることになる．

(地域) 日本．

174 FINGERS CLAW　かぎ爪

(意味) 軽蔑.
(動作) 指をかぎ爪のように固く曲げ, 手を少し前後に動かす.
(背景) 嘲りのジェスチャー. 餌食になった鳥のように, 相手の顔にかぎ爪を向けて脅す.
(地域) サウジアラビア.

175 FINGERS CLICK　指鳴らし

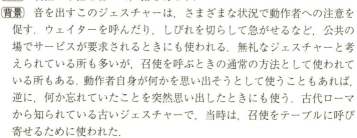

(意味) 注意喚起.
(動作) 親指と中指を合わせ, 指を鳴らす.
(背景) 音を出すこのジェスチャーは, さまざまな状況で動作者への注意を促す. ウェイターを呼んだり, しびれを切らして急がせるなど, 公共の場でサービスが要求されるときにも使われる. 無礼なジェスチャーと考えられている所も多いが, 召使を呼ぶときの通常の方法として使われている所もある. 動作者自身が何かを思い出そうとして使うこともあれば, 逆に, 何か忘れていたことを突然思い出したときにも使う. 古代ローマから知られている古いジェスチャーで, 当時は, 召使をテーブルに呼び寄せるために使われた.
(地域) 西欧社会と中東に広範囲に普及.

176 FINGERS COOL　指冷まし

(意味) 恋愛遊戯.
(動作) 熱を冷ますかのように, 指を上下にゆっくり振る.
(背景) 何か熱い物に触ってしまって指を冷ますのをまねたもの. 魅力的な女性に出会った男性が, 彼女に触れ

たかのように気持ちが燃えたときに使う．後悔を表わす「指揺すり」
(⇨184)と混同してはならない．後悔のジェスチャーの動作はもっと激しいが，この場合の手はかなりゆっくり動かされる．
(地域) ヨーロッパで一般的．とくにイタリア．

177 FINGERS CROSS(1) 指十字(1)

(意味) 加護．
(動作) 中指を人さし指に絡ませ，その他の指は親指で押さえる．
(背景) 十字架のサインを形づくる際の様式化された方法

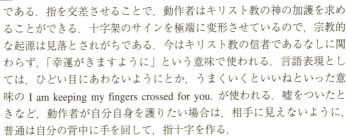

である．指を交差させることで，動作者はキリスト教の神の加護を求めることができる．十字架のサインを極端に変形させているので，宗教的な起源は見落とされがちである．今はキリスト教の信者であるなしに関わらず，「幸運がきますように」という意味で使われる．言語表現としては，ひどい目にあわないようにとか，うまくいくといいねといった意味の I am keeping my fingers crossed for you. が使われる．嘘をついたときなど，動作者が自分自身を護りたい場合は，相手に見えないように，普通は自分の背中に手を回して，指十字を作る．
(地域) キリスト教国に広く普及．最もよく使われている地域はイギリス諸島とスカンジナビア．

178 FINGERS CROSS(2) 指十字(2)

(意味) 友情．
(動作) 前項参照．
(背景) ここでは，二本の絡ませた指が，二人の友人の親しさを象徴している．
(地域) 広範囲に普及．

179 FINGERS CROSS (3) 指十字 (3)

(意味) 絶交だという脅し.
(動作) 前項参照.
(背景) 指十字が友情を表わす所では，友情の終結も意味する．普通はまず指十字を作り，次に二本の指をはじき離す．しかし，実際に友情を終わらせるのでなく，そうするぞと脅すだけなら，いかにも離れるかのように指十字を上げる．
(地域) 南イタリアと地中海東部．とくにトルコ．

180 FINGERS FLEX (1) 指曲げ (1)

(意味) お金.
(動作) 指をくり返し開閉する．
(背景) 手の開閉は手招きジェスチャーの縮小版で，お金が寄ってくるようにと請う．お金の要求としては，「指先こすり」（⇨ 197）の方が一般的である．
(地域) 南アメリカ.

181 FINGERS FLEX (2) 指曲げ (2)

(意味) お金.
(動作) 前項と同じであるが，手は頭の高さまで上げる．
(背景) 前項参照.
(地域) 南アメリカ.

182 FINGERS INTERLOCK(1) 指組み(1)

(意味) 誓う.
(動作) 両手の指を組み合わせ，身体の前に置く.
(地域) ミャンマー.

183 FINGERS INTERLOCK(2) 指組み(2)

(意味) お慈悲を.
(動作) 両手の指を組み合わせ，手首のところで上下に揺り動かす.
(背景) 苦悶に満ちた，祈りの構え．普通，祈るときには両手を上下に動かすのではなく，身体の前に静かに置く．この両手の位置は，捕虜が両手を縛られて慈悲を請うときの状況をまねたものである.
(地域) 広範囲に普及.

184 FINGERS SHAKE 指揺すり

(意味) 後悔.
(動作) 力を抜いた指を数回，強く上下に振る.
(背景) 恋愛遊戯のシグナルとして使われる「指冷まし」(⇨ 176) の場合は，もっとゆっくり手を動かす．混同しないように注意すべきである.
(地域) 南アメリカ.

185　FINGERS SHUT　指閉じ

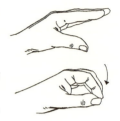

意味　黙れ！
動作　片手を持ち上げ，他の指を親指に向けてパタンと閉めるように動かす．
背景　手で口をしっかり閉じた状態をまねている．
地域　フランス．

186　FINGERS SPREAD　指広げ

意味　彼は愚かだ．
動作　手のひらを上にし，指を大きく広げて片手を突き出す．
背景　「両手すくめ(1)」(⇨ 392) を誇張した形で，怒らせるようなときに使われる．
地域　南アメリカ．

187　FINGERS STEEPLE　指尖塔

意味　考え中．
動作　両手の指先を合わせ，唇につける．
背景　このジェスチャーは次の要素をもつ．すなわち，1) 熟考するための平穏をもたらす祈りの要素，2) じっくり考えることを助ける左右対称の身体形，3) 身体の前に壁を作る防御的要素，4) 気持ちを和らげるために口に触れる要素．「考える人の姿勢」として一般的なのは，これらの要素が混じり合っているからである．
地域　広範囲に普及．

188 FINGERS 'TALK' (1) 指話(1)

- 意味　おしゃべりな人．
- 動作　手のひらを下向きにして突き出し，親指と他の四本の指の間を開閉させる．
- 背景　人の顎の開閉を単にまねたもの．おしゃべりだったり，長話だったり，噂話ばかりしている人について評するのに使われる．
- 地域　広範囲に普及．

189 FINGERS 'TALK' (2) 指話(2)

- 意味　前項参照．
- 動作　手を身体から少し離し，人さし指と中指を，すばやく数回開閉する．
- 背景　噂話をしている顎の開閉をまねた特定地域版で，二本の指だけを使う形．異なる解釈としては，「布を切っているハサミ」とか「鵞鳥(がちょう)の口」がある．正確な起源にかかわらず，このジェスチャーがよく知られているのは，間違いなくペチャクチャとおしゃべりをする指の動きによる．
- 地域　イタリア．

190 FINGERS WAVE (1) 指振り(1)

- 意味　こんにちは／さようなら．
- 動作　片手を上げ，手のひらを相手の方へ向ける．四本の指を曲げて伸ばすことを一つの単位として，数回くり返す．
- 背景　手を振ることの穏やかな形で，ごく近距離で，とくに子供にさようならと言

うときに使う．子供の頭を軽く叩く動作を手が届かない距離で行なった形である．

(地域) 広範囲に普及．

191　FINGERS WAVE(2)　指振り(2)

(意味) こんにちは／さようなら．
(動作) 前項と同じであるが，指の曲げ伸ばしを一つの単位として振るのではなく，連続してくり返し振る．
(背景) 前項参照．このジェスチャーは日本人の「指招き」(⇨ 173)と混同されやすい．唯一異なる点は，指招きの場合は手の位置が少し低いことである．
(地域) 広範囲に普及．

192　FINGERS WAVE(3)　指振り(3)

(意味) こんにちは／さようなら．
(動作) 手を上げ，手のひらを自分の方に向け，四本の指の曲げ伸ばしを一つの単位として，数回行なう．
(背景) これは，「イタリア式の手振り」で，手のひらを上げた「手招き(1)」(⇨ 299)とよく混同される．もともとは，抱擁したい相手の背中を遠くから軽く叩くようにしているのである．
(地域) シシリーとサルジニアを含むイタリア．

193　FINGERTIPS FAN　指扇(おうぎ)

(意味) 立ち去れ！
(動作) 丸めた指先を相手の方に向け，花びらが開くように手の先をすばや

く広げる.
- (背景) 人に立ち去れと言うときに一般的に使われる「手振り下ろし」(⇨316)「手振り上げ(1)」(⇨317) を, さらに様式化した形である.
- (地域) エジプト.

194 FINGERTIPS KISS(1) 指先キス(1)

- (意味) 賞賛.
- (動作) 指先を軽く唇にあて, その手を口から遠くへ投げるようにする. その際, 丸めた指は広げるようにする.
- (背景) 2000年以上も前から知られている, 古くからのジェスチャーである. 古代ギリシャ人やローマ人には, 神殿に出入りするときに神の像に対してキスを投げる習慣があった. もともとのメッセージは「崇拝」で, 神聖な状況でのみ使われていたが, 時がたつにつれてあらゆる形の賞賛・賛美・お世辞へと広がっていった. 地位の高い人に対して用いるときのメッセージは「あなたは神のような方なので, この神聖な挨拶を捧げます」となる. 何世紀もの間上品なジェスチャーとして扱われ, 宮廷外ではきざな気取った態度と見られてきた. 18世紀までに唇に触れずに単に手を打ち振るだけの形に簡略化されていったが, 現代では, フォーマルな場面からインフォーマルな場面へとその使用領域が広がるという新しい状況の中で, もとの完全な形に戻った. つまり, 賞賛を表わす相手が神や皇帝ではなくなり, おいしい食べ物の一片を口にしたときやすばらしい芸術作品に対して使われるようになったのである. さまざまな形があるが, 共通の特徴は, 通常直接口を触れることのできない人や物に対して捧げられるキスだということである.
- (地域) 広範囲に普及. 華やかなフランスやヨーロッパ大陸のジェスチャーとして風刺的に描かれることも多い.

195 FINGERTIPS KISS(2) 指先キス(2)

(意味) 挨拶.

(動作) 前項参照.

(背景) ヨーロッパのある地域では,指先キスは賞賛より,むしろ挨拶として使われる. 昔は挨拶と賞賛は同時に行なったが,今日のインフォーマルな状況では,古代のこの二重のメッセージは二つに分けられている. この二者の間のわずかな違いは,賞賛の場合は,必ずしも直接その物に向けて行なわれるわけではないが,挨拶の場合は常に挨拶をする相手に向けられるという点である. 挨拶では,出会いと別れのいずれかとして使われる.

(地域) 広く普及してはいるが,ある特定の地域でよく知られている. 何らかの理由で,島(マルタ,シシリー,サルジニア,コルフ)で最もよく使われている. ヨーロッパでは,ポルトガルでは一般的な挨拶だがスペインではそうではなく,スウェーデンでは一般的だがデンマークではそうではない. これは未だ説明できない奇妙な分布である.

196 FINGERTIPS KISS(3) 指先キス(3)

(意味) あなたを愛している.

(動作) 指先は前項のように軽く唇に触れるが,手は平らにする. 次に手のひらを上にして下ろし,口でそのキスを愛する相手に向けて吹く.

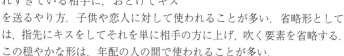

(背景) 通常のキスをするには距離が離れすぎている相手に,おどけてキスを送るやり方. 子供や恋人に対して使われることが多い. 省略形としては,指先にキスをしてそれを単に相手の方に上げ,吹く要素を省略する. この穏やかな形は,年配の人の間で使われることが多い.

(地域) 広範囲に普及.

197　FINGERTIPS RUB　指先こすり

(意味) お金.
(動作) 指先を, 同じ手の親指でこする.
(背景) 単なるお金の欲求か, 金銭的な報酬のためだけに何かが行なわれていることを示す. 親指と他の指でコインを触ってみる動作をまねている.
(地域) 広範囲に普及.

198　FINGERTIPS SQUEEZE　指先絞り

(意味) 君は臆病だ！
(動作) 手で何か柔らかいものを絞っている動作をまねている.
(背景) 象徴していることは単純で, 何か柔らかいものを絞っているということは, 相手が「柔らかい」, つまり「いくじなしの臆病だ」ということを意味している.
(地域) ジプシー社会.

199　FINGERTIPS STRUM　指先鳴らし

(意味) いらいらしている.
(動作) 手近にある平らな所で指先を掻き鳴らす.
(背景) この無意識の動作は,「逃げ出す」ことを象徴した形で, ずっと待たされているときや, 何も起こらないでいらいらしているときによく見られる. 進化論的に言えば, 人間の手はかつては前足だったので, 今日でも出発したいのにできないときは指をそわそわさせる. このせわしない指の動きは, 起き上がって出かけたいという衝動の名残りを表わしており, 雄牛が突進する前に前足で地面を引っかくのと似ている. 我々の手は, 本心を反映し

た小さな意図的動きをするのである．
(地域) 世界各地．

200 FINGERTIPS TOUCH　指先接触

(意味) 旅立ちの予言．
(動作) 両目を閉じて，両手の指先と指先をお互いに合わせようとする．
(背景) 予言として使われるジェスチャー．指先が合わなかったら，旅には出ない．
(地域) ベドウィン族．

201 FIST BEAT　こぶし打ち

(意味) 勝利．
(動作) 握りこぶしを高く空中に上げ，次に前方に力強く打ち下ろす．跳び上がることもある．
(背景) 率直に喜びを表わすタイプのスポーツマンの，一般的な勝利のジェスチャー．人類に共通で昔から使われている，腕を上げて打ち下ろす動作に由来している．「私の力は敵に勝った」と象徴的に伝えている．
(地域) 主として西欧のスポーツマン．

202 FIST CLENCH(1)　握りこぶし(1)

(意味) 力．
(動作) 握りこぶしを身体の前に振り上げる．
(背景) 手を力強く握る形をまねたもの．スピーチの中では，強調点を示す働きをし，共産主義者の挨拶の形として様式化されている．スポーツマンにも勝利のサインとしてよく使われるが，

「こぶし打ち」（⇨ 201）よりは弱い形である．
地域　広範囲に普及．

203　FIST CLENCH(2)　握りこぶし(2)

意味　けちな．
動作　身体の前で握りこぶしを構える．
背景　誰かが「けちである」あるいは「欲深い」ということを示す．こぶしを振り上げて力や怒りを表わすしぐさと混同しないように．
地域　日本．

204　FIST CLENCH(3)　握りこぶし(3)

意味　卑猥な侮辱．
動作　握りしめたこぶしを相手に示す．
背景　ぐいと引くこぶしは卑猥なジェスチャーとみなされる地域が多いが，動かさずに単にこぶしを見せただけで，性的侮辱と思われる地域がある．
地域　パキスタン．

205　FIST JERK　こぶし動かし

意味　自慰．
動作　ゆるく握ったこぶしを，身体の前ですばやく上下させる．
背景　男性の自慰の単純なまねで，イギリスのサッカーの試合でよく見られる．敵側の選手が攻撃を試みて派手に失敗したようなときに，観衆の多くが同時にこのしぐさをする．
地域　西欧社会．

73

206 FIST PUMP　こぶしポンプ

(意味)　とんでもない！
(動作)　握りしめたこぶしを数回前後に動かす．
(背景)　苛立つような問いに対する，侮辱的な否定のしかた．
(地域)　南アメリカ．

207 FIST PUNCH　こぶしパンチ

(意味)　力強い強調．
(動作)　握りこぶしで空を打つ．
(背景)　話し手が怒っていたりけんか腰であるとき，こぶしを上げて言葉を強調することが多い．自分の考えに対するどんな反対をも打ち負かすことを象徴する．討論中に無意識によく使われるが，よく知られた動作なので，温和な話し手が実際よりも強い印象を与えるために使うこともしばしばある．
(地域)　世界各地．とくに政界．

208 FIST RAISE　こぶし上げ

(意味)　勝利！
(動作)　腕をまっすぐ伸ばし，握りこぶしを高く上げる．
(背景)　「こぶし打ち」（⇨ 201）の振り下ろしのない形である．殴り倒すかのようにこぶしを上げるが，一番高い地点で動きをそのまま止める．

209　FIST SHAKE(1)　こぶし振り(1)

(意味)　脅迫.
(動作)　怒ってにらみつけるような顔をしながら, 相手に向けて握りこぶしをすばやく前後に振る.
(背景)　相手を打つような「意図的動作」は, 人類に最も一般的に見られる脅しの表現である. 他にもそれぞれの地域に独特な侮辱の表わし方や脅迫の動作はあるが, この「こぶし振り」は各地で使われ, 理解される.
(地域)　世界各地.

210　FIST SHAKE(2)　こぶし振り(2)

(意味)　我々の勝利だ!
(動作)　握りこぶしを頭上に上げ, 強い喜びの表情をしながら前後に振る.
(背景)　負かしたライバルを, 右手のこぶしで, 快活に象徴的に打つジェスチャー. スポーツや政治的行事で最もよく見られる.
(地域)　広範囲に普及.

211　FIST SIDE-SHAKE　こぶし横振り

(意味)　闘争.
(動作)　肩の高さで握りこぶしを構え, 片側に寄せる. 次に, 数回横から横へ動かす.
(背景)　様式化されたこぶし振りであるが, 相手によく見えるように, 通常の前後の動きではなく横に動かす.
(地域)　コロンビア.

212 FIST SLAP　こぶし打ち

- 意味　性的侮辱.
- 動作　片方のこぶしで, もう一方の平手を数回くり返し強く打つ.
- 背景　性交の際に骨盤を押しつける音のまね. 決まり文句は Up yours!「くそくらえ」である.
- 地域　イタリアで最もよく見られるが, フランス, スペイン, 南米でも見られる. 北米では特別な侮辱の意味としてではなく偶然に使われることがあり, これが訪問者に混乱をもたらす.

213 FIST TWIST　こぶしねじり

- 意味　邪悪な霊に対する脅かし.
- 動作　こぶしを口に当て, 半回転させる.
- 背景　女性が, 精霊 (jinn) や眼に見えない邪悪な霊から自分を守るために使う.
- 地域　サウジアラビア.

214 FISTS CLENCH　両こぶし握り

- 意味　お前を絞め殺す.
- 動作　両手のこぶしを握りしめ, 親指を外側に向け, 身体から離して一緒に上げる.
- 背景　無礼者の首の回りに, 眼に見えないロープをピンと張るまね.
- 地域　シリア.

215 FISTS DIP 両こぶし浸(ひた)し

(意味) 幸運を祈る.
(動作) こぶしの中に親指を隠し,下に浸すように短くぐいと動かす.
(背景) 幸運を祈って親指を隠すことは,悪運からの加護を願う「指十字(1)」(⇨177)の代用である.
(地域) ドイツ.

216 FISTS RAISE 両こぶし上げ

(意味) 勝利.
(動作) 握りしめた両こぶしを空中に高く上げる.
(背景) 勝利を表わす「両腕上げ(3)」(⇨16)のより強い形.攻撃的な対戦のしかたをするスポーツマンがよく使う.
(地域) 広範囲に普及.

217 FISTS WRING 両こぶし絞り

(意味) 怒り.
(動作) こぶしで,濡れた布を絞る動作をまねている.
(背景) お前の首をねじりたいというメッセージを伝える.悪事を働いたから仕返しをするぞという脅しとして使われることが多い.主に子供が使い,大人は通常冗談で使う.
(地域) ヨーロッパとアメリカ大陸.

218 FOOT JIGGLE　足揺らし

意味　退屈だ．
動作　座っている人が，足を小刻みに上下に揺らす．
背景　「指先鳴らし」(⇨ 199)や「足鳴らし」(⇨ 223)のように，人が逃げ出したいと思っているときのサインである．足の小刻みな動きは，「逃げ出す」動作を象徴している．ほとんど気がつかないほどわずかなこともあるので，「指先鳴らし」や「足鳴らし」よりは無礼にならない．
地域　世界各地．

219 FOOT KISS　足元キス

意味　謙遜を表わす挨拶．
動作　相手の足元にキスをする．
背景　さまざまなキスは，触れる位置が低いほど，その尊敬度と服従度が高まる．手にキスすることは，頬にキスすることより尊敬度が高く，足元にキスすることは，さらにへつらい従属していることを表わす．「地面にキスせよ」という言い方は，仕えている主人の足元にもキスできない卑しい者は，足のそばの地面にキスせざるをえないことに由来する．今日の（形式的には）平等主義の社会では，この「足元キス」は極めて稀であるが，ローマ法王が聖週に貧しい人々の足を洗いキスをするという，儀式的な形としては残っている．これは，法王の地位が華やかで偉大であるにもかかわらず，真に慎ましいキリスト教徒であることを示しているのである．
地域　バチカン市国．

78

220 FOOT LOCK(1) 足固定(1)

(意味) 不安.
(動作) 座った姿勢で，一方の足を他方の足の後ろでしっかり固定させる.
(背景) この無意識の動作は，上半身がリラックスしているように見えても，その人が神経質になっていたり，不快になっていることを自ずと表わしている．一般的に言って，足は身体の中でも最も正直な部分である．これは，顔の近くよりも気づきにくいからである．親しげな会話をしている人々はしばしば非常にくつろいでいるように見えるが，足が本当の気持ちを語っている．このジェスチャーは，「碇（いかり）」として足をしっかり固定するので，安定感を与えるのである．
(地域) 広範囲に普及.

221 FOOT LOCK(2) 足固定(2)

(意味) 前項参照.
(動作) 立った姿勢で，片足をもう片方の足の後ろ側に固定する.
(背景) このジェスチャーはもっぱら女性によって使われる．前項の座った姿勢での「足固定」と同様の背景をもつが，片足で平衡を保つという，より難しい姿勢である．それにも関わらず，明らかに十分な安定感を提供する．
(地域) 世界各地.

222 FOOT SHOW 足裏見せ

(意味) 侮辱.
(動作) 座っていたり，寄りかかっている人が，自分の靴の裏を相手に見せる.
(背景) 特定の国々では，誤ってこれが使われると深刻な

問題を引き起こす.靴の裏を見せることで人が殺されることさえあった.
足を組んで座るときや,足を椅子や机の上にのせるときには特別な注意
が必要で,故意にしたと考えられると喧嘩になる.最近,タイのキャバ
レーの歌手が,ステージに向かって靴の裏を見せたお客を撃った.この
単純な行為がとくに侮辱と受け取られるのは,靴底は地面を踏むので,
身体の中で最も卑しいところと考えられるからである.
[地域] 中東と東洋の一部.サウジアラビア,エジプト,シンガポール,タ
イではとくに意味が強い.

223 FOOT TAP　足鳴らし

[意味] 我慢できない.
[動作] 片足を地面の上でリズミカルに軽く叩く.
[背景] 「指先鳴らし」(⇨199)や「足揺らし」(⇨218)
と同じメッセージを伝える.足は逃げ出す動きを
するが,身体はそのままの場所にいる.つまり,
これは名残りジェスチャーとなった脱出の典型的な動きで,本人はどこ
かへ行きたいのに何らかの理由でできないときに使われる.
[地域] 広範囲に普及.

224 FOREARM CLASP　前腕つかみ

[意味] 挨拶.
[動作] 二人の人が同時にお互いの右
手で相手の前腕をつかむ.

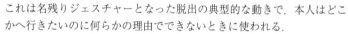

[背景] 古代ローマ人の典型的な挨拶
で,今日の「握手(1)」(⇨358)のローマ人版である.剣を持つ手を非
攻撃的にする,つまり瞬間的に剣を使えなくさせるやり方で,お互いの
友情を示した.
[地域] 古代ローマで一般的.今日では稀.

225 FOREARM JERK(1) 前腕上げ(1)

(意味) 性的侮辱.
(動作) 右手の握りこぶしを上にぐいと引き上げる. 右腕の肘の内側を左手で叩き, このぐいと動く右手の動きを強制的に止める. 変形版としては, 前腕を上に引き上げるのではなく, 前方に突き出す形がある.
(背景) 一般的な男根象徴ジェスチャーで, 右の前腕が象徴的に陰茎の勃起を示している. マルタでは, このジェスチャーを公共の場ですることは違法とされているため, 自分の上腕を撫でてこのジェスチャーの完全な形をほのめかすこととなる.
(地域) 広範囲に普及しているが, ヨーロッパ北部ではあまり一般的でない. ハンガリーでは, このジェスチャーの性的攻撃度をさらに増すために, この腕で形づくられた陰茎は馬のものとされている.

226 FOREARM JERK(2) 前腕上げ(2)

(意味) 性的ほめことば.
(動作) 前項参照.
(背景) 国によっては, 卑猥な侮辱というより, ほめる意味で一般的に使われる所もある. メッセージは「くそくらえ」という意味ではなく,「彼女が私をその気にさせた」となる.
(地域) イギリス諸島でのみ一般的だが, 他の地域でも見られることもある.

227 FOREARM THRUST(1) 前腕突き出し(1)

(意味) 性的侮辱.
(動作) 握りしめたこぶしを, ぐいと上に引き上げる代わりに前方に突き出す. 右腕の肘の内側を左手で打って, 前方に突き出す動きを強制的に止

める.
(背景) これは通常の「前腕上げ(1)」(⇨ 225)の変形版で,腕を曲げる代わりにまっすぐに出す.象徴的には,「勃起」の要素を「挿入」に置き換えている.
(地域) イタリア.

228 FOREARM THRUST(2) 前腕突き出し(2)

(意味) 性的侮辱.
(動作) 前項とほぼ同様だが,握りこぶしの代わりに手を平らにする.
(背景) 男根象徴ジェスチャーの,もう一つの特定地域版である.
(地域) イタリア.

229 FOREARM THRUST(3) 前腕突き出し(3)

(意味) 性的侮辱.
(動作) 右手のこぶしを,ゆるく丸めた左手の中を通して前方へ突き出す.右手の前腕を左手でつかんで動きを止める.

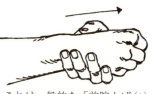

(背景) 前腕は陰茎の象徴として使われる.これは一般的な「前腕上げ(1)」(⇨ 225)の特定地域版である.
(地域) レバノン,シリア.

230 FOREFINGER BEAT 人さし指振り

(意味) 穏やかな脅迫.
(動作) 上向きに構えた人さし指を相手に向けて,くり返し振り下ろす.

(背景) 伸ばした指は，象徴的に相手の頭を打ち続ける小型のこん棒の役目を果たす．校長や政治家，権威主義者に非常に好まれるジェスチャーである．通常は，話し手がかろうじて気づく程度の無意識にされる手振りである．
(地域) 世界各地．

231 FOREFINGER BECKON 人さし指招き

(意味) こっちへ来い．
(動作) 手の平を上にして，人さし指以外は握る．人さし指を数回曲げたり，伸ばしたりして相手を招く．
(背景) この招き方は西欧では近距離で使われる．いたずらっぽく，異性の気を引くようなときに使われたり，「学校の教師っぽい」やり方として皮肉的に用いられたりする．
(地域) 広範囲に普及．

232 FOREFINGER BITE(1) 指噛み(1)

(意味) 私は怒っている．
(動作) 人さし指を曲げ，その関節を歯の間に挟み，象徴的に噛む．
(背景) 怒って，相手に対してしたいことを自分自身にしている形．攻撃を逆に自分の方に向けた例の一つである．
(地域) イタリア．

233　FOREFINGER BITE(2)　指噛み(2)

(意味)　すみません.
(動作)　曲げた人さし指の関節を象徴的に噛む.
(背景)　謝罪するときには自分を罰するという考えに基づいている. 前項のジェスチャーと混同されやすく, 悲惨な結果をもたらす.
(地域)　サウジアラビア.

234　FOREFINGER BITE(3)　指噛み(3)

(意味)　幸運.
(動作)　人さし指を横向きにして口にくわえ, 噛んでから指を離して振る.
(背景)　「攻撃された」指が幸運にもうまく逃げだせたという考えに基づいている.
(地域)　レバノン, シリア, サウジアラビア.

235　FOREFINGER BLOW　指吹き

(意味)　静かに！
(動作)　人さし指を口に近づけて, 吹く.
(背景)　静かにと言うときに一般的に使われる「唇触れ」(⇨444) の特定地域版である.
(地域)　サウジアラビア.

236　FOREFINGER CROOK　指鍵

(意味)　彼はイスラム教徒ではない.
(動作)　人さし指を鍵形にしっかりと曲げる.

84

[地域] サウジアラビア.

237 FOREFINGER CROSS 人さし指十字

[意味] 私は誓う.
[動作] 伸ばした人さし指で,空中に十字架を描く.
[背景] 司祭による祝福として普通は人さし指と中指で行なわれる十字架のサインであるが,ここでは人さし指だけで行なわれる.
[地域] イタリア.

238 FOREFINGER DIP 指浸し

[意味] いいえ.
[動作] 少し曲げた人さし指を,下へさっと浸すように動かす.
[背景] 通常は頭を使う「うなずき」を,手でする形.
[地域] 北アメリカ(インディアン).

239 FOREFINGER EXTEND 指伸ばし

[意味] 小さい.
[動作] 人さし指を水平に伸ばし,親指を第一関節のところに添える.
[背景] 小指が一番小さい指なので,小指を使うやり方よりは使用頻度が低い.
[地域] イタリア,中東,南アメリカ.

240　FOREFINGER HOOK　指掛け

(意味) 泥棒.
(動作) 人さし指を鍵状にする.
(背景) 泥棒が人の持ち物を引っ掛けて持っていく行為をまねている.
(地域) 日本.

241　FOREFINGER HOP　指跳び

(意味) 明日.
(動作) 人さし指を伸ばして,前方上方に半円を描いていく.
(背景) 時のページをめくるかのように,あるいは太陽の軌跡に従うかのように,前に向かって指で弧を描く.「明後日」を意味するときは二回弧を描く.それほど正確でない場合には,単に「あとで」を意味する.
(地域) 広範囲に普及.地中海地域で最も一般的.

242　FOREFINGER INSERT　指入れ

(意味) 性交.
(動作) 伸ばした人さし指を,もう一方の手で作った輪の中に入れ,出し入れする.
(背景) 膣への陰茎の挿入を単にまねたもの.象徴のしかたが単純なので,普段は使われていない地域から来た旅行者でさえ理解できる.意図的にする無礼な卑猥,あるいは率直な性交の誘いとして使われる.
(地域) 広範囲に普及.ヨーロッパ,中東,アメリカ大陸で知られている.

243 FOREFINGER KISS 指キス

(意味) あなたにキスを捧げます.
(動作) 指先にキスをする.
(背景) 遠距離で使われる, 一般的な「指先キス(1)」
(⇨ 194) の変形. ほめたい物や会いたい人の代わりに指先を使う.
(地域) 南イタリア.

244 FOREFINGER LICK 指嘗め

(意味) 私の得点.
(動作) 人さし指をちょっと嘗め, それから空中に数字の1を描く.
(背景) 掲示版に点数を書く動作のまね. 激しい議論で勝ったとき, とくに, 相手がやり込めようとして失敗したようなときによく使われる.
(地域) 西欧社会.

245 FOREFINGER POINT(1) 指さし(1)

(意味) 方向を示す.
(動作) 質問に答えるときに, 人さし指で方向を指し示す.
(背景) 手で方向を示すことはあたりまえのことと思われているが, 実は人間に特有の行動である. いろいろな方法で方向指示ができる動物はいるが (たとえば, 蜜蜂は群れになってダンスをし, 狼は身体全体で方向を示す), 人間だけは正確な指での指

示ができる．これは，協力して狩りをするときに，人類にとって重要な
ジェスチャーとなった．無言で方向を指示することは，密かに獲物を追
跡するのに極めて重要だったに違いない．今日の狩人の間では，方向だ
けでなく距離をも示す手の込んだ指示サインがある．距離が離れている
ことを示すには，獲物に向けて矢を射るときのように，人さし指の角度
を上げていって示す．

(地域) 世界各地．

246 FOREFINGER POINT（2）指さし（2）

(意味) 脅迫．

(動作) 人さし指で，相手を直接指す．

(背景) 口論の最中に怒り出して，相手を直接人さし指で
指すことがある．伸ばした指が犠牲者をまさに刺そう
としている象徴的な武器として使われるので，脅迫的
な要素をもつのである．このため，子供たちは「指さ
すのは失礼である」と教えられることが多い．

(地域) 世界各地．

247 FOREFINGER PRESS 指押し

(意味) あっちへ行け！

(動作) 人さし指を親指で押さえる．

(背景) 親指と人さし指で十字の印を作る．まわり
が皆悪者なので自分は聖なる加護が必要だとい
う意味．誓いを立てるときの「親指爪キス」（⇨ 628）に関連しているが，
ここでは後半部分の動きのみが使われている．

(地域) スペイン．

248　FOREFINGER RAISE（1）　指上げ（1）

- (意味)　すみません！
- (動作)　片手を上げ，手のひらを相手に向け，人さし指を直立させる．気がついてくれるまでしばらくこのままでいる．
- (背景)　教室で先生の注意を引くときや，レストランでウェイターを呼ぶときに使われる．
- (地域)　広範囲に普及．

249　FOREFINGER RAISE（2）　指上げ（2）

- (意味)　神に誓う．
- (動作)　人さし指で，天を指し示す．
- (背景)　さまざまな宗教グループで誓約を表わすのに使われてきた．天を指し示すことで，神に触れていることを象徴的に示している．
- (地域)　広範囲に普及．

250　FOREFINGER RAISE（3）　指上げ（3）

- (意味)　私が一番だ！
- (動作)　前項参照．
- (背景)　スポーツマンが勝利の瞬間に，勝ったことの確認のために使う．人さし指は一番を象徴する．
- (地域)　西欧社会．

251　FOREFINGER RAISE(4)　指上げ(4)

意味　注意して！
動作　伸ばした人さし指を空中に上げるが，腕は上げずに顔の前に置く．また，手のひらは相手の方ではなく，横向きにする．
背景　人さし指を使った横柄なジェスチャー．象徴的なこん棒である人さし指を，必要なら打ち下ろせるように上で構えているのである．
地域　世界各地．

252　FOREFINGER SLOT　指差し入れ

意味　性的論評．
動作　右手を左手に打ち下ろし，伸ばした人さし指を，左手の親指と人さし指の間に入れる．
背景　女性器に陰茎を入れる行為のまね．
地域　南アメリカ．

253　FOREFINGER STAB　人さし指刺し

意味　お前にできるものか．
動作　右手の人さし指で，左手のV字型を刺し通す．
背景　「強姦するぞ」というメッセージを伝える性的な起源はあるが，単に身体を刺す動作として使う人もいる．それは激しく攻撃すると脅すときで，性的な意味はない．
地域　ヨルダン，レバノン．

254 FOREFINGER STRADDLE　指またがり

(意味) 侮辱.
(動作) 右手の人さし指と中指で作った逆さのV字型で, 左の人さし指をまたぐようにする.
(背景) 馬乗りになる行為のまね. 逆さV字の二本指は, 乗っている人の足を表わし,「ロバのようにお前に乗る」というのがその侮辱の意味である.
(地域) サウジアラビア.

255 FOREFINGER SUCK (1)　指しゃぶり (1)

(意味) 後悔.
(動作) 人さし指の先を曲げて口に入れ, 考えている間しばらくその位置に保つ.
(背景) 名残りジェスチャーで, 指を嘗めることで一瞬, 子供のときの口で触れる満足感に戻るのである. 親指しゃぶりの大人版ともいえる.
(地域) 広範囲に普及.

256 FOREFINGER SUCK (2)　指しゃぶり (2)

(意味) もうお金がない.
(動作) 伸ばした人さし指を口にあて, 少し嘗めてから引き出す.
(地域) アラブ諸国.

257　FOREFINGER TIPS-TOUCH　指先タッチ

(意味)　父親が五人.
(動作)　指先をすぼめた左手を,右手の人さし指で軽く叩く.
(背景)　この非常に無礼なアラブの侮辱は,相手の母親が売春婦かふしだらであるということを意味している.多くの男性と寝ているので,息子の本当の父親が誰かを言うことは不可能だというのである.左手の五本の指は「五人の父親」を,右手の人さし指は息子を象徴している.
(地域)　サウジアラビア.

258　FOREFINGER WAG　人さし指振り

(意味)　だめ！
(動作)　まっすぐに立てた人さし指を左右に振る.
(背景)　首を左右に振るジェスチャーの指版で,否定のメッセージを伝える.「こらこら,だめだぞ」といった穏やかな叱責のニュアンスをもつことが多い.
(地域)　広範囲に普及.

259　FOREFINGER-AND-MIDDLE-FINGER CROSS　指交差

(意味)　誓う.
(動作)　両手の人さし指と中指を交差させる.
(背景)　十字架を形づくることは,誓いの方法としてよく見られる.交差した人さし指にキスすることもあるが,その場合は身体の前に両手を置く.
(地域)　南イタリア.

260　FOREFINGER-AND-MIDDLE-FINGER POINT　銃

(意味)　バン，お前は死んだ．
(動作)　手でピストルを象り，相手を撃つまねをする．
(背景)　銃で友人を撃つまねは，相手が何かばかなことをしたときにふざけて使われる．次項のジェスチャーと混同しないように．
(地域)　広範囲に普及．

261　FOREFINGER-AND-MIDDLE-FINGER RAISE　指立て

(意味)　祝福．
(動作)　片手を上げて手のひらを相手側に向ける．親指，人さし指，中指をまっすぐ立てて，他の指は曲げる．
(背景)　これは長い歴史をもつ古代の手の形である．今日でもカトリック教会で祝福を捧げるときに使われている．一説によれば，親指と人さし指，中指が神聖な三位一体を象徴しているという．別の説では，指が手を固定しており，握ることも押すことも不可能にしているため，「攻撃的でない」ことを示すジェスチャーであるという．この手の形が，静穏で慈悲深い安らかさを与えるといわれている．
(地域)　カトリック教国．

262　FOREFINGER-AND-MIDDLE-FINGER SHOW　指見せ

(意味)　友情．
(動作)　人さし指と中指をぴったりつけて相手に見せる．
(背景)　二本の指は二人の友人を表わし，指をぴったりつけていることは二人の間に固い絆のあることを象徴している．前

93

述のジェスチャー（⇨ 260）との混同を避けるために，普通は相手を直接に指さすことはしない．

地域 サウジアラビア．

263　FOREFINGER-AND-MIDDLE-FINGER 'SMOKE'　指煙草

意味 煙草，持ってる？
動作 人さし指と中指を口の近くへもっていき，口では煙草を一服する動作をまねる．
背景 単純な物まねなので，世界中ほとんどどこででも理解されるが，勝利を意味するVサインや，侮辱を表わす英国のVサインと不運にも混同されることもある．

地域 煙草を吸わない文化を除く，世界各地．

264　FOREFINGER-AND-MIDDLE-FINGER STAB　指刺し

意味 脅迫．
動作 人さし指と中指の間を離し，相手の両目を刺すようにする．
背景 「お前の眼を突き刺す」という意味．真剣な脅しとしても，議論の最中の穏やかな，冗談めかした侮辱としても使われる．

地域 広範囲に普及．

265　FOREFINGER-AND-MIDDLE-FINGER THRUST　指突き出し

意味 くたばれ．
動作 相手の顔に何かを押しつけるかのように，人さし指と中指を相手に向けて力強く突き出す．

(背景) これは下品な侮辱として使われる moutza を少し弱くした形である．起源は，手全体を前に突き出す「手のひら突き出し（片手型）」（⇨544）と同じである．
(地域) ギリシャ．

266 FOREFINGERS AIM　指ねらい

(意味) 意見の不一致．
(動作) 両手の人さし指の先を向かい合わせにし，前後にぐいと押し合う．
(背景) 二本の人さし指は，二人の敵や相対する物を象徴している．スペインでは，このジェスチャーは de punta「いがみ合い」として知られている．
(地域) スペインとアメリカ大陸のスペイン語圏．

267 FOREFINGERS CONTACT(1)　指付け(1)

(意味) 同意！
(動作) 両手の人さし指を並べて付ける．
(背景) 人さし指は仕事上で和解した二人を表わす．
(地域) 中東．

268 FOREFINGERS CONTACT(2)　指付け(2)

(意味) 親しい友人．
(動作) 前項参照．
(背景) 二本の人さし指は，親しい関係の二人の友人を表わす．恋人も含まれる．
(地域) 北アメリカ．

269 FOREFINGERS HOOK (1) 指掛け (1)

意味 敵.
動作 両手の人さし指を引っ掛け合う.
背景 「指掛け(2)」(⇨ 270)と混同さ
れやすい. この場合は,「指外し」

(⇨ 280)と同様に,引き裂く前の準備として指を掛け合う. 次に起こる
悪い兆候を示していることから「敵」を意味するのだが, 友情で指を組
み合わせる形に似ているので, 誤解されやすい.
地域 モロッコ.

270 FOREFINGERS HOOK (2) 指掛け (2)

意味 友達.
動作 二人の子供が人さし指を合わせ,
しばらくの間お互いの指先を引っ掛
け合う.
背景 友情の宣言として行なわれる
ちょっとした儀式. 変形として, 小
指で行なうこともある. 前項のジェスチャーとは混同しないように.
地域 広範囲に普及.

271 FOREFINGERS LINK 指つなぎ

意味 結婚.
動作 両手の人さし指をつなぎ, 一方で他方を後
方に引っ張る.
背景 「指掛け(2)」(⇨ 270)の変形版. ここで
は二人ではなく一人で行なう. 二本の指をしっ
かりつないで, 結婚した男女の強い絆を象徴す
る.

(地域) 南アメリカ.

272　FOREFINGERS RUB(1)　指さすり(1)

(意味) 友情.
(動作) 両手の人さし指を伸ばして, 一緒にこすり合わせる.

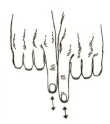

(背景) 人さし指はしばしば「自分」を指し示すものとして使われ, 二本の人さし指を並べると友情を表わす. 二本の人さし指を二人の友人が一本ずつ出して並べる場合と, この場合のように一人が二本出す場合とがある.「指付け(2)」(⇨ 268)の変形版であり, 多少友愛を込めたこすり方が加わる.
(地域) 中東.

273　FOREFINGERS RUB(2)　指さすり(2)

(意味) 恥を知れ！
(動作) 片手の人さし指で, もう一方の人さし指を上下にさする.

(背景) 二本の指をこすり合わせることは, 摩擦を象徴する.
(地域) 北アメリカ.

274　FOREFINGERS SCRAPE(1)　指こすり(1)

(意味) 侮辱.
(動作) 片方の人さし指でくり返し他方をこする.

(背景) 前項と若干異なるのは, 指にそって上下にこするのでなく, 鋸を引くように動か

すことである。ここでも，その指の動きは摩擦を象徴している．
(地域) ウェールズ，ドイツ，オーストリア．

275　FOREFINGERS SCRAPE(2)　指こすり(2)

(意味) 賄賂(わいろ)．

(動作) 右手の人さし指で，伸ばした左手の人さし指を鋸で半分に切るようにする．

(背景) 前項に非常に似ているが，異なる起源をもつ．ここでは「半分はあなたに，半分は私に山分けしよう」を象徴している．

(地域) コロンビア．

276　FOREFINGERS 'SHARPEN'　指研(と)ぎ

(意味) 侮辱．

(動作) ナイフを研ぐように，片方の人さし指を他方で研ぐようにする．

(背景) 青少年の間で象徴的な脅しとして使われる．

(地域) オランダ．

277　FOREFINGERS TAP(1)　指叩き(1)

(意味) 緊張関係．

(動作) 両手の人さし指をすばやく叩き合わせる．

(背景) 人間関係に緊張が生じ，話をするとさらに状況が悪化しそうなときに使われる．

(地域) 日本．

278 FOREFINGERS TAP(2)　指叩き(2)

(意味) 一緒に寝よう．
(動作) 両手の人さし指を並べ，軽く叩き合わせる．
(背景) 指は，男女の性的関係を表わしている．
(地域) エジプト．

279 FOREFINGERS TAP(3)　指叩き(3)

(意味) 結婚．
(動作) 両手の人さし指をぶつけ合う．
(背景) 前項のジェスチャーに似ているが，誘惑というより，既にある関係を表わしている．
(地域) 南イタリア，ギリシャ．

280 FOREFINGERS UNHOOK　指外し

(意味) 我々の友情は終わった．
(動作) 両手の人さし指をつなぎ，その後で力強く引き離す．
(背景) この動きは，象徴的に二人の関係が終わったことを表わす．指をつなぎ合わせることの逆で，二人の関係が今はもう敵であることを示す．変形として，人さし指の代わりに小指を使うこともある．
(地域) 広範囲に普及．

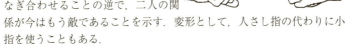

281 FOREHEAD KISS　額キス

(意味) 多大な尊敬.
(動作) 従属者が支配者の額にキスをする.
(背景) 尊敬のキスは，崇敬する相手の額，鼻，手，足にされる．身体の低い部分にするほど，示される尊敬度は高くなる.
(地域) 公式の場で用いるのはアラブ文化 (非公式には，恋人同士や家族間の愛情を込めた挨拶や親密感の表現として，あらゆる地域で使われる).

282 FOREHEAD KNOCK　額叩き

(意味) 頑固.
(動作) こぶしで額を数回叩く.
(背景) 相手の頭が鈍く，ラバのように頑固だという意味.
(地域) フランスで最も一般的だが，他の地域でも見られる.

283 FOREHEAD PRESS　額押し

(意味) めまいがする.
(動作) 手の甲を額に押しつける．頭を少し後ろに引き，両目を閉じる.
(背景) メロドラマ的なヴィクトリア朝の気絶のジェスチャーで，女性が失神しそうだということを示す．今日でも使われるが普通は演劇で「彼女は理性を失ったプリマドンナのように振る舞っている」といった相手に対する冗談として使ったり，「私には重荷だわ」といった大げさな自分自身への評として使う.
(地域) 西欧社会の演劇.

284　FOREHEAD RUB　額さすり

(意味)　お前に呪いを！
(動作)　手の甲で額をさする．
(地域)　ヨルダン．

285　FOREHEAD SALAAM　額手礼(額型)

(意味)　尊敬．
(動作)　頭を少し前に倒し，指先で額に短く触れる．
　　　最後は手を前方にかざす．

(背景)　アラブの額手礼の省略形．完全形では，手
　　　は胸，口，額に触れるが，正式でない場合は，
　　　簡略化して最初の二つを省く．おもな意味は「私
　　　の心を捧げます」で，尊敬を表わす挨拶や別れ
　　　の挨拶としても使う．
(地域)　アラブ文化圏．

286　FOREHEAD SCRUB　額みがき

(意味)　愚か者．
(動作)　片手を握り，額に円を描くようにごしごし
　　　こする．

(背景)　「君の頭は堂々巡りをしている」というジェ
　　　スチャーの変形である．
(地域)　アメリカインディアン．

287 FOREHEAD SLAP　額打ち

- 意味　私は何て愚かなんだ！
- 動作　手のひらで額を叩く．天を見上げて指示を仰ぐときのように，普通は頭も同時に少し後ろにそらす．
- 背景　自分が愚かだからと，自らを叩く．何か大事なことを忘れた人がよく使う．
- 地域　広範囲に普及．

288 FOREHEAD TAP（1）　額叩き（1）

- 意味　気が変だ！
- 動作　人さし指で数回，額の中央を叩く．
- 背景　額やこめかみを叩くことは，曖昧なジェスチャーである．頭に注意を向けるだけで，その頭がよいのか悪いのかについては何も言っていない．そのため状況によって，「気が変だ」か「賢い」かのどちらかを意味することになるが，一般的には後者の意味で使われる方が多い．指が額の中央を叩く場合は「気が変だ」の意味が強い．
- 地域　広範囲に普及．オランダでは「気が変だ」という意味だけで使われる．

289 FOREHEAD TAP（2）　額叩き（2）

- 意味　聡明さ．
- 動作　人さし指で額を数回叩く．通常は中央より少しどちらかに寄った位置である．
- 背景　前述の二つの意味のうちの一つ．自分のことに言及するときによく見られ，「私は結局頭

がいいのさ」とか、「私は自分の頭のよさを知っているさ」という意味になる.

[地域] 広範囲に普及. ヨーロッパとアメリカ大陸で最も一般的.

290　FOREHEAD TAP (3)　額叩き (3)

[意味] 気が変だ！
[動作] 指先で額を数回叩く.
[背景] この形では，人さし指だけでなく手全体が使われる. 叩くというより穏やかに平手打ちするという形で，何か愚かなことをした人が私を困らせるということを表わす.
[地域] 広範囲に普及しているが，地中海地域で最も一般的.

291　FOREHEAD TAP (4)　額叩き (4)

[意味] 気が変だ！
[動作] 両手の指先で，眼の上の額の部分を同時に叩く.
[背景] 「額叩き (3)」(⇨ 290) の意味を倍に強化した形である. 動作者が相手の愚かさに激しく怒っているときに使う.
[地域] 広範囲に普及しているが，地中海地域で最も一般的.

292　FOREHEAD TAP (5)　額叩き (5)

[意味] 気が変だ！
[動作] 人さし指と親指の先を合わせ，額の中央を数回叩く.
[背景] これは特定地域版で，特別な起源をもつ. 手の形は，親指と人さし指で小さなものをつまんでいることを示し，その小さなものとは相手の

頭脳を指す．メッセージは，「こんなにちっぽけな頭脳しかないから，親指と人さし指でつまめるよ！」となる．

(地域) イタリア，とくにナポリ地域．

293 FOREHEAD WIPE　額拭き

(意味) 幸運にも抜け出せた！

(動作) 額から架空の汗を拭うように，手を一回横に動かす．最後に，手についた汗を取り除くように，わずかに手を振り払う．

(背景) この動作のもともとの役割は，実際に余分な汗が額から眼に流れ落ちるのを防ぐことで，テニスの試合等のスポーツ競技で見られる．しかし，ジェスチャーという点から見れば汗は象徴的で，「私はあの問題でひどい目にあっていたが，今は大丈夫だ」というメッセージを伝える．また，単に「何て暑いんだ」とか「これは大変な仕事だ」などの意味でも使われる．

(地域) 西欧社会に広く普及．

294 FOREHEAD-AND-CHEST SALAAM　額手礼(額・胸型)

(意味) 尊敬を込めた挨拶．

(動作) 指先を額に触れ，次に胸，そして再度額に触れ，最後に手をかざす．軽く頭を下げる動作を伴うことが多い．

(背景) 一般的なアラブの額手礼のやり方.「私の全身全霊を捧げます」が基本的な意味である.
(地域) アラブ文化圏.

295 HAIR CLASP　頭髪握り

(意味) 何て私はばかなの！
(動作) 片手を激しい動きですばやく頭の上にもっていき,髪を握る.
(背景) 人は困難に出会ったときに自分を慰めることが必要で,驚いた瞬間に自分自身をギュッと握るのは,人間の一般的な反応である.触れるのは頭の上であろうが,額であろうが,口や頬であろうが,次のような基本的な名残りメッセージを伝える.すなわち「この瞬間,子供のときのように守られて抱きしめられたいが,大人なのだから自分自身でしなくては」となる.
(地域) 広範囲に普及.

296 HAIR GROOM　頭髪整え

(意味) あなたは魅力的だわ.
(動作) 片手で髪を物憂く撫でたり,もちあげたり,かき乱したり,サッと振ったり,整え直したりする.
(背景) この種の髪を整える動作は,とくに長い髪の女性に好まれる.無意識に相手の関心をひこうとする行為である.
(地域) 広範囲に普及.

297 HAIR PLUCK　頭髪抜き

(意味) 約束.
(動作) 髪の毛を一本,頭から抜き取る.

(背景) 子供同士の約束の契り．頭髪を抜き，吹き飛ばして Pelillos a la mar. 「仲なおり」と言う．
(地域) スペイン．

298 HAIR RAISE　頭髪上げ

(意味) いらだち．
(動作) 親指と人さし指で，長い髪を一本取り，頭の上で縦にする．
(背景) 女性のジェスチャーである．非常に欲求不満が高まったときに，「頭髪をむしり取る」ことを象徴的に表わす．
(地域) スペイン．

299　HAND BECKON（1）　手招き（1）

(意味) こっちへ来て！
(動作) 片手の手のひらを上に向け，上にさっと動かす．
(背景) ヨーロッパの典型的な手招きの動作だが，ヨーロッパ大陸の南側では手のひらを下向きにした形で行なわれるため，誤解を招く．
(地域) イギリス諸島，スカンジナビア，オランダ，ベルギー，ドイツ，オーストリア，フランス，旧ユーゴ．

300　HAND BECKON（2）　手招き（2）

(意味) こっちへ来て！
(動作) 手のひらを下向きにして，手先を下向きに動かす．
(背景) 地中海沿岸地域に見られる手招きの形．北ヨーロッパの人々には，

106

「あっちへ行け」とか「帰れ」を意味する手の動きに見えるため，不運にも次のように，人の死を引き起こしたこともある．地中海の軍駐屯地に近づいた人が「尋問するからこっちへ来るように」と，手のひらを下に向けた手招きで命令された．そのジェスチャーが帰れを意味したものと考え，向きを変えて立ち去ったとたんに，逃走しようとしたスパイと見なされて撃たれたのである．

(地域) スペイン，ポルトガル，イタリア，マルタ，チュニジア，ギリシャ，トルコ．

301　HAND CHOP(1)　手切り(1)

(意味) 議論を明確に切る．

(動作) 片手を平らにして上に向け，もう一方の手で叩き切るようにする．

(背景) 小さな斧を打ち下ろすところか，空手チョップのまねで，議論が白熱しているときにしばしば無意識に使われるジェスチャー．強力で明確なポイントを示すために，言葉の混乱を断ち切ろうとして使われる．上向きにした手のひらを握りこぶしで叩く「手のひらパンチ(1)」(⇨537)に似ているが，切る動作はこぶしの動作より正確さがあり，乱暴でない．

(地域) 世界各地．

302　HAND CHOP(2)　手切り(2)

(意味) 脅し．

(動作) 片手をくり返し短い周期で動かして空を切る．切る動きは，下向きに打ち下ろすというより，手首を回転させるようにする．

(背景) 「手切り」のこの形は，「すぐにやめなければ殴るぞ」という脅しを込めて，無言で行なわれる．少々いらいらした大人が，行儀の悪い子供に対してよく使う．

(地域) イタリア．

303 HAND CHOP(3) 手切り(3)

(意味) 脅迫.
(動作) 前項と同様だが，切る動作をするときに，親指で人さし指をきっちり押さえ，他の三本の指を伸ばす形にする.
(背景) 興味深い混成ジェスチャーで,「ゼロ」を意味する「手輪っか(3)」(⇨ 342) と脅しを示す「手切り(2)」(⇨ 302) を結びつけたもの.「お前を明日殺す」という脅しを伴うこともある. その意味は,「お前はゼロのように無価値だから，わざわざ今日殺すことはない」となる.
(地域) アラブ文化圏，とくに北アフリカ. イタリアでもときおり見られる.

304 HAND CIRCLE(1) 手回し(1)

(意味) 電話ですよ.
(動作) 耳の側で，片手を回す.
(背景) ハンドルを回して始動させていた頃の電話をまねた，名残りジェスチャー. このようなハンドルを使わなくなって久しいが，今日でもジェスチャーにその形が残っている地域もある. 他の地域では，新しい電話機を持つ形のジェスチャーに置き換えられてきている.
(地域) ヨーロッパとアメリカ大陸の一部.

305 HAND CIRCLE(2) 手回し(2)

(意味) 映画撮影.
(動作) 頭の横で片手を回す.
(背景) これも，長いこと使われていた器具に基づく名残りジェスチャーで，手回しハンドルのある旧式の映画カメラをまねたもの. 最近の映画カメラはまねしやすい動きがないので，古いジェスチャーが残っているのである. 映画を撮っているよと遠くから知らせたいときには，今でもハンドルを回す動きをする.

(地域) 西欧社会.

306　HAND CRADLE　手揺りかご

(意味) 分からない.
(動作) 片手を揺りかごに見立て，もう一方の手を重ねる．どちらの手も，手のひらは上向きにする.
(背景) 「両手すくめ(1)」（⇨ 392）の変形版．通常の肩すくめと同じ「否認」のメッセージを伝える．すなわち「何を言っているのか分からない」「あなたを助けることはできない」「私には何ら関係のないことだ」．両手は前に出す代わりに身体に近づけ，多少防御的な姿勢をとる.
(地域) 北アフリカ.

307　HAND CUP(1)　手カップ(1)

(意味) 性的侮辱.
(動作) 丸めた片手は，何か重いものを持ち上げて手のひらの上で量る動作をまねている．架空の物をつかんだ手を数回上下させる.
(背景) 男性が他の男性を侮辱するときに使い，メッセージは「何て大きな睾丸なんだ」となる．はじめは侮辱より賛辞のように思われがちだが，真の意味は「お前の睾丸は，女性と寝ることができないから重いのだ」となる．このジェスチャーはスペイン語で「大きな卵」や「睾丸」を意味する huevón として知られている.
(地域) ラテンアメリカ.

308　HAND CUP(2)　手カップ(2)

(意味) 私は不幸せだ.
(動作) 前項参照.
(背景) この形では，相手ではなく自分自身について，「長

109

いこと女性と寝ていないから，私は不幸せだ」と言っている．
地域　ラテンアメリカ．

309　HAND 'DRINK'　手飲み

意味　飲む．
動作　飲むときにグラスに口をつける動作をまねる．
背景　イギリス諸島から世界に広まった単純なものまね．グラスから飲みものを飲む所ならどこででも理解されるが，メッセージは状況によって多少変化する．すなわち「喉が乾いた」「一緒に飲みに行かない？」「何か飲物はない？」「喉が乾いてない？」．皮容器から飲むのが一般的な国々では，容器を口につける動作と飲物を口に注ぎこむ動作をまねた「指弧」（⇨ 621）の方を使う．
地域　ほとんど世界各地．

310　HAND FAN (1)　手扇 (1)

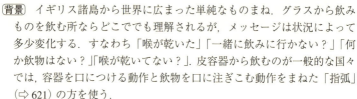

意味　とても暑い．
動作　片手で顔をあおぐ．
背景　顔のほてりを冷ます扇のまね．象徴的に，次の二つの状況で使われる．一つは「抜け出せてよかった」の意味で，あおぐことは「ひどい目にあっていたが，今は落ち着いた」ことを示す．二つめは，相手が性的に興奮しているので，落ち着かせるのに少し冷ますことが必要だという意味になる．
地域　広範囲に普及．

311　HAND FAN (2)　手扇 (2)

意味　いいえ．
動作　右手を広げ，手のひらを左側に傾け，顔の前

で炎をあおぐように左右に動かす.
- 背景 「頭振り」(⇨ 408)の頭を左右に振る役割を手が引き継いだ形.
- 地域 日本.

312　HAND FIG(1)　イチジク(1)

- 意味 性交.
- 動作 手を握り,親指の先を人さし指と中指の間から出す.
- 背景 古くからの猥褻なジェスチャー.fico「イチジク」として知られ,親指は挿入された陰茎を表わす.
- 地域 北ヨーロッパでは,「これがお前にしたいことだ」といった淫らな性的意味をもち,ベルギー,オランダ,デンマーク,ドイツで一般的.フランス中央部,ギリシャ,トルコ,コルフでは,Up yours!「くそくらえ」といった性的侮辱として用いられる.

313　HAND FIG(2)　イチジク(2)

- 意味 加護.
- 動作 前項参照.
- 背景 「角サイン(2)」(⇨ 324)と同様に,邪視や悪霊から身を守るのに使われるジェスチャー.イチジクのポーズをした小さな手のお守りは,今でも幸運の魔除けとして売られている.迷信では,露骨な性的表示は災難を引き起こす悪霊の気をそらす威力があると考えられていた.お守りを身につけている人がその迷信を知っているとは限らず,性的な起源を知らない人もいる.
- 地域 ポルトガルとブラジルで一般的.シシリーでも見られる.

314　HAND FIG(3)　イチジク(3)

- 意味 お前の鼻を取ってしまったよ!
- 動作 前項参照.子供の鼻をつかみ取るふりをする.

- (背景) 多くの国で，子供とのゲームの一部として使われる．大人が子供の鼻に触れるぐらいまで手を伸ばし，次にその手を引っ込めて「お前の鼻を取っちゃったよ！」と言って親指を突き出して見せる．
- (地域) ヨーロッパのほとんどの地域．

315　HAND FLAP　手揺らし

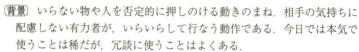

- (意味) 去れ！
- (動作) 手は，何かを押しやるように前後にパタパタ揺らす．向こうへ押しやる動きの方が強い．
- (背景) いらない物や人を否定的に押しのける動きのまね．相手の気持ちに配慮しない有力者が，いらいらして行なう動作である．今日では本気で使うことは稀だが，冗談に使うことはよくある．
- (地域) 広範囲に普及．

316　HAND FLICK-DOWN　手振り下ろし

- (意味) 消え失せろ！
- (動作) 右手を前方下に振り下ろしながら，その肘を，左手の甲で打つ．
- (背景) 相手の行くべき方向を示す．左手の強打は，さっさと行けという要求が強いことを示している．
- (地域) オランダ．

317　HAND FLICK-UP(1)　手振り上げ(1)

- (意味) 消え失せろ！
- (動作) 右手を振り上げる．通常，左手で右手の手首を叩き切るような動作を伴う．

(背景) 前項と同様の意味をもつが，動作が多少異なる．左手を振り下ろす動作は，泥棒の手を切断することを象徴し，「彼はこのように罰せられて囚人の流刑地へ送られるのさ」というメッセージを含む．泥棒を強制的に送り出すことが，現代の「消え失せろ」というメッセージの象徴的な基盤となっている．
(地域) ベルギー，フランス，スペイン，イタリア，チュニジア，旧ユーゴ，ギリシャ．

318 HAND FLICK-UP(2) 手振り上げ(2)

(意味) 出発．
(動作) 前項参照．
(背景) この場合は要求ではなく，状況を描写するのに使われる．つまり「立ちのけ」や「去れ」といったシグナルの代わりに，「彼は行ってしまった」「私はもう行きます」「彼らは逃げて行った」のようなメッセージを伝える．
(地域) フランス，ベルギー．

319 HAND FLOP 手倒し

(意味) 怒ってないよ．
(動作) 片手を上げ，相手に向けてバタンと倒れるように下ろす．
(背景) もともとは攻撃的な上からの強打だが，平手で力を抜いて下ろすので，その効果は和らげられる．メッセージは「からかったから君の頭を打つまねをするけど，本気ではないから名ばかりの一撃さ」となる．
(地域) 広範囲に普及．

320　HAND FOLD　手畳（たた）み

(意味)　よい．
(動作)　片手を前に出し，少し手を下げながら指をゆっくりと親指のところへすぼめてきて，最終的に「手すぼめ(2)」（⇨334）の恰好をとる．
(背景)　このゆっくりとした手を閉じる動作は，相手に賛辞を送るときに使われる．途中の動きより最後の手の恰好で描写されることもあるため，「手すぼめ(2)」（⇨334）の項でも挙げてある．
(地域)　コルフ，ギリシャ，トルコ．

321　HAND 'GOITRE'　甲状腺腫

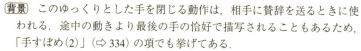

(意味)　不信．
(動作)　顎の下で片手を丸め，首にある大きな甲状腺腫の形を表わす．
(背景)　残酷にも目に見える身体的障害を愚かさと結びつけた時代には，甲状腺腫は愚かさの象徴であった．「君の言っていることはばかげているから信じない」という意味．
(地域)　南アメリカ．

322　HAND HOLD　手つなぎ

(意味)　友情．
(動作)　二人の男たちが手をつないで歩く．
(背景)　西欧社会では，男性同士が手をつなぐと同性愛を意味するが，異性愛が極めて普通であり，公の場で大人の男性同士が手をつないでも性的な暗示は少しもないという地域もある．
(地域)　中東，地中海沿岸諸国，アジアの一部．

323　HAND HORN-SIGN(1)　VERTICAL
　　　角サイン(1)　垂直型

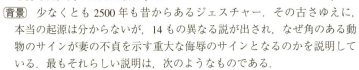

(意味)　妻を寝取られた夫．
(動作)　片手の人さし指と小指を立てて，親指で他の二本の指を押さえ，角の生えた頭を象る．
(背景)　少なくとも2500年も昔からあるジェスチャー．その古さゆえに，本当の起源は分からないが，14もの異なる説が出され，なぜ角のある動物のサインが妻の不貞を示す重大な侮辱のサインとなるのかを説明している．最もそれらしい説明は，次のようなものである．
　1) 皮肉．皮肉を込めて逆に「君は何てすごい雄牛なのだ」とほめる．
　2) 去勢．昔は，従順にさせるために多くの雄牛を去勢したことから，「象徴的に，君は妻に去勢されている」と言う．
　3) 激怒．角は荒れ狂った雄牛の怒りを表わし，夫が妻の不貞を見つけたときの振る舞いを示す．
　4) 注意喚起．角は妻の恋人の男らしさを示し，強敵が妻にさかりのついた雄牛のように振る舞っているよと忠告する．
　どの説明が真実であれ，男性がこのジェスチャーを使うと，地域によっては殺されかねない．
(地域)　北ヨーロッパでは稀だが，南ヨーロッパと地中海沿岸では一般的．とくにスペイン，ポルトガル，イタリア，マルタではよく使われる．

324　HAND HORN-SIGN(2)　HORIZONTAL
　　　角サイン(2)　水平型

(意味)　邪視に対する魔除け．
(動作)　手で前項のように角サインをつくり，相手に向ける．
(背景)　前項の「妻を寝取られた男」と同じ意味で使われることもあるが，不幸をもたらす邪悪な人にこのサインを向けて自分の身を守るという，特別な防御的意味ももつ．古くからのジェ

スチャーで，小さな手の形をしたものが，魔除けのお守りとしてよく身につけられた．今でも地中海のあたりでは売られている．角は，防御力をもつ雄牛か古代の角のある全能の神を象徴しており，この角のある神があまりに自己防衛的であったため，キリスト教徒は悪魔に変えてしまった．したがって，未だに邪悪な力に対する魔除けとして使っている人々は，神話学的に言えば，悪魔に援助を求めていることになる．その起源が忘れ去られた今日では，幸運を願ってコツコツ木を叩いたり，指を重ねて十字を作るのと同様に，悪運を避け幸運をもたらす迷信の一つにすぎない．

(地域) イタリアのほとんどの地域では，今でも魔除けのジェスチャーとして使われている．マルタ島の近くでは，船や車に魔除けのお守りとしてペンキで描かれているのが見られる．

325 HAND HORN-SIGN(3) ROTATE 角サイン(3) 回転型

(意味) 悪運に対する魔除け．
(動作) 人さし指と小指で垂直の角サインを作り，その手を数回回転させる．
(背景) 形も機能もヨーロッパの角サインに似ているが，このアメリカ型は異なる起源をもつ．「トカゲジェスチャー」として知られ，タブーである「蛇」という語を口にしてしまった人が，その害を和らげるための迷信として使う．
(地域) 南アメリカ．

326 HAND HORN-SIGN(4) 角サイン(4)

(意味) テキサス大学．
(動作) 片手で角サインを作る．どの方向に向けてもかまわない．
(背景) テキサス大学のジェスチャーによる標章．テキサスの有名な長角牛を象ったもので，とくにスポーツの試合で学生が自分たちのチームを応援するときに使う．訪問したイタリア

のチームは,イタリア人にとって最も侮辱的なサインをかかげている多数の観客に迎えられて驚くことになる.

(地域) テキサス.

327　HAND JAB　手突き

(意味) 主張.
(動作) 指をまっすぐ前方に伸ばし,相手の身体の方に向けて片手でぐいと突く.
(背景) 話し手が自分の考えを強く主張したいとき,相手の胸を突く動作をまねる.断定的だが,人さし指で突くよりは攻撃性が少ない.一本の人さし指は鋭くて危害を与えるが,指全体を使った突き出しは,先が尖っていないので攻撃が穏やかになるのだ.
(地域) 世界各地.

328　HAND KISS　手キス

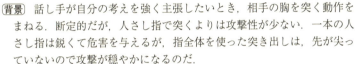

(意味) 尊敬を込めた挨拶.
(動作) 相手の片手を優しく取り,指の関節や指の上にキスをする(エチケットの本によれば,理想的な形は「自然に,音をたてずに,湿り気なしに」行なうべきであるという).
(背景) 古風なジェスチャーで,今日では特別な状況でのみ使われる.昔はキスをする部分が,二人の相対的な地位を反映していた.同等の地位にある者だけが,お互いの口や頬にキスすることが許され,従属者は,地位が低いほど,より身体の低い部分にキスしなくてはならなかった.神のように崇められる皇帝に挨拶するといった極端な場合には,平民は足元の土,靴,衣服の裾にのみ口づけることが許され,少し地位が上がると,膝や手にキスすることが許された.手へのキスは最も便利であったため,これらの「地位を表わすキス」の中でも一番長く使われた.ビクトリア時代までは出会いや別れの際に婦人の手にキスすることは一般的であったが,今日多くの地域では,冗談やわざとらしく大げさにキス

117

るときだけ使われる．宗教的な慣習は例外で，忠実な僕(しもべ)からの正式な尊敬のサインとして，信者が司教や大司教の手袋の上に輝く指輪に口づけることはある．

地域　西欧社会で一般的だが，とくにラテン系の国々で見られる．

329　HAND LOZENGE　片手菱形(ひしがた)

意味　膣．

動作　片手の人さし指と親指を合わせ，菱形のすきまをつくる．

背景　女性器の形をまねようとしたもので，敵意ある性的侮辱か猥褻な性的論評として使われる．

地域　レバノン，シリア．

330　HAND MEASURE　手測り

意味　子供は？

動作　片手を下げ，手のひらを床と平行にする．

背景　子供について聞くときに，手で子供の背の高さを測る動作をまねる．

地域　広範囲に普及．

331　HAND PECK　手くちばし

意味　猥褻．

動作　親指と人さし指を合わせて，鳥のくちばしを形づくる．他の指はぴったり合わせ，手首を使ってコツコツつつく動きをする．

背景　鳥をまねたジェスチャーは，男性の同性愛者の身体の動きをパロディー化して使われることが多い．

地域　サウジアラビア，レバノン，リビア．

332　HAND 'PROW'　手へさき

(意味)　謝罪.
(動作)　顔の前で平手を垂直にし，手の端を前方に向ける.
(背景)　水を切り分けて進む船の船首のように，手を動かす．遺憾ながら取らざるをえない道筋を示して，他の人のスペースにまさに侵入しようとしていることを詫びる．人の前を横切ったり，二人の間を

通ったり，普通よりも接近したりと，相手に失礼なやり方で通らざるをえないときに使われる．通常は，軽いお辞儀を伴う．
(地域)　日本．

333　HAND PURSE(1)　手すぼめ(1)

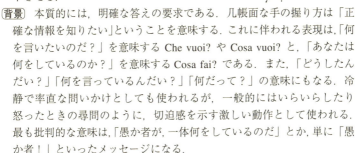

(意味)　質問．
(動作)　指を丸めて束にし，手首を使って数回短く上下させる．
(背景)　本質的には，明確な答えの要求である．几帳面な手の握り方は「正確な情報を知りたい」ということを意味する．これに伴われる表現は，「何を言いたいのだ？」を意味する Che vuoi? や Cosa vuoi? と，「あなたは何をしているのか？」を意味する Cosa fai? である．また，「どうしたんだい？」「何を言っているんだい？」「何だって？」の意味にもなる．冷静で率直な問いかけとしても使われるが，一般的にはいらいらしたり怒ったときの尋問のように，切迫感を示す激しい動作として使われる．最も批判的な意味は，「愚か者が，一体何をしているのだ」とか，単に「愚か者！」といったメッセージになる．
(地域)　イタリア．驚くほど国民的なジェスチャーで，イタリア中で一般的に見られるが，その他の地域ではまったくといってよいほど見られない．フランス，オーストリア，旧ユーゴの国境を越えると使われていない（ただし，ニューヨークの在外イタリア人の間では見られる）．

334　HAND PURSE(2)　手すぼめ(2)

(意味)　よい.
(動作)　指先を丸めて束にし,その手を一回下に下ろす.
(背景)　起源としては,「指先キス(1)」(⇨194)に由来するらしく,何かおいしいもの,美しいもの,すばらしいものを表わす.実際に唇に触るはじめの部分を省略した点が「指先キス」とは異なる.このジェスチャーは,最終的な手の形からくる名称と,手の動きからくる名称の両方をもつ.最後の形をとればすぼめた手に見えるが,動きからは手を折り畳むように見えるため,「手畳み」(⇨320)の項目にも挙げてある.
(地域)　コルフ,ギリシャ,トルコ.

335　HAND PURSE(3)　手すぼめ(3)

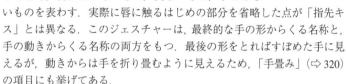

(意味)　とてもよい！(皮肉)
(動作)　前項参照.
(背景)　特別な意味をもつ地域もある.前項とまったく同様に,すぼめた手を一回下に下ろすのだが,意味はすばらしいの正反対になる.たとえば,試みたことが失敗すると,「よくやったね！」と皮肉を込めて使われる.
(地域)　マルタ.

336　HAND PURSE(4)　手すぼめ(4)

(意味)　恐れ.
(動作)　指先を丸めて束にし,少し指先を開閉する.
(背景)　この形では,指先の開閉が,恐怖の瞬間に起こる括約筋の開閉を象徴している.
(地域)　ベルギー,フランス,ポルトガル.

337　HAND PURSE(5)　手すぼめ(5)

(意味) 多数.
(動作) 片手を身体の前に構え，指先を丸めて数回開閉させる．両手で同時にこの動きをすると，強調形になる．動作は前項とほぼ同一．
(背景) 離れている指を一緒にするのは，多くの人が集まってくることを象徴している．通常のメッセージは「たくさんの人がいる」となる．
(地域) 旧ユーゴ，スペイン，カナリー諸島，南米のスペイン語圏．

338　HAND PURSE(6)　手すぼめ(6)

(意味) 気をつけろ.
(動作) すぼめた片手をゆっくり上下させる．
(背景) ゆっくりとした縦の動きが「気をつけろ」「ゆっくり」「待って」「我慢しろ」といった要求を象徴している．通常使われるのは道路上で，運転手が車の窓から，他車の運転手にそんなに速く行くなというメッセージを送るのに使う．
(地域) チュニジア，北アフリカと中東のアラブ文化圏．

339　HAND PURSE(7)　手すぼめ(7)

(意味) お腹が空いた.
(動作) すぼめた手を，開いた口へ数回もっていく．
(背景) 食べ物を口へ運ぶのは基本的動作であり，世界中で理解される．
(地域) 世界各地．

340　HAND RING(1)　手輪っか(1)

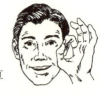

[意味] オーケー．よい．
[動作] 片手の親指と人さし指の先を合わせて，垂直に輪を作る．
[背景] 紀元1世紀から，この輪のジェスチャーは承諾のサインとして知られてきた．起源は，話し手が会話中に詳細な点に言及するとき，無意識に何か小さなものをつまむかのように親指と人さし指の先を合わせる手ぶりに由来する．こうすると輪の形ができ，意識的に使うジェスチャーも生まれた．話と一緒に使うばかりでなく，意図的なシグナルとして使いだすと，完全で，すばらしく，賛同できるものは何でも表わすようになった．現代では一般的に「アメリカのOKサイン」といわれ，北アメリカを拠点として，社会的影響がある地球上のあらゆる所へ普及している．しかし，多くのアラブ諸国では，脅しと猥褻という二つの異なる形が存在するため，普及が妨げられている．
[地域] 北アメリカとヨーロッパ各地．

341　HAND RING(2)　手輪っか(2)

[意味] 性的侮辱．
[動作] 前項と同様であるが，輪は縦ではなく横向きになる．

[背景] この形では，輪は身体の穴を象徴している．古代ギリシャに遡るこの非常に古いジェスチャーは，花瓶画の中にも描かれている．男性の肛門も，女性の膣も指すが，今日では男性が男性について使うことがほとんどである．男性の同性愛についての友好的な論評か，柔弱だという軽蔑的侮辱のどちらかの意味になる．
[地域] ドイツ，サルジニア，マルタ，チュニジア，ギリシャ，トルコ，ロシア，中東，南アメリカの一部．

342 HAND RING（3） 手輪っか（3）

意味 ゼロ．
動作 前項参照．
背景 手で形づくられた輪は無とかゼロを象徴しており，価値がないことを意味する．一般的な「アメリカのＯＫサイン」とは正反対の意味であり，この二つが一緒になる地域では誤解を招く．
地域 ベルギー，フランス，チュニジア．

343 HAND RING（4） 手輪っか（4）

意味 お金．
動作 前項参照．
背景 硬貨を象徴している．通常はお金を要求するときに使うが，何かの値段が高いというときにも使う．
地域 日本．

344 HAND RING（5） 手輪っか（5）

意味 完全．
動作 手を一般的な垂直の位置ではなく，水平に構え，一，二回縦に短く引いて強調する．
背景 基本的にオーケーやよいを意味する「手輪っか（1）」（⇨340）と同じジェスチャーであるが，この形では意味が多少限定される．つまり，通常の垂直型の意味は，「オーケー」「よい」「すべてうまくいっている」「完全だ」となるが，この水平型では，最後の「完全」という意味に限定される．
地域 南アメリカ．

123

345 HAND RING(6) 手輪っか(6)

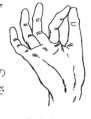

(意味) 何を言っているのか？
(動作) 輪を逆にした形．輪そのものは縦になるが，手の
ひらは上向きにし，自分と相手の間で数回短く前後さ
せる．
(背景) 「手すぼめ(1)」(⇨ 333) に似ているが，親指と人さし指を合わせた
だけの形で行なわれる点が異なる．意味は同じで，質問や，何が起こっ
ているか，何を言われているのかを問う．
(地域) イタリア．

346 HAND RING(7) 手輪っか(7)

(意味) 公正．
(動作) この形では，輪は下向きになる．
(背景) 片手の親指と人さし指で，「正義の天秤」を持っているのをまねて
いる．人が公正に振る舞った，あるいは公正な人だと言うのに使われる．
(地域) イタリア．

347 HAND RING-JERK 手輪っか引き

(意味) 性的侮辱．
(動作) 片手の親指と人さし指で水平の
輪を作り，この輪を上下させる．

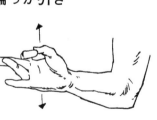

(背景) 「こぶし動かし」(⇨ 205) と同様
に，男性の自慰をまねている．意味は，
その男は無能なので，性的な満足感
が得られる唯一の可能なやり方は自慰に違いないとなる．サッカー試合
でファンが使う最も一般的な嘲りで，相手の選手が何か失敗したときに
使う．
(地域) イギリス．

348　HAND RING-KISS　手輪っかキス

- 意味　おいしい．
- 動作　輪にした片手の親指と人さし指の先を軽く唇につけ，そのあとで手をはじく．
- 背景　「完全」を表わす「手輪っか」サインがキスと結びついた形．「指先キス(1)」（⇨ 194）と同じメッセージを伝え，シェフが特別な料理を賞味するときに最も好むジェスチャーである．
- 地域　ヨーロッパ大陸，とくにフランス．

349　HAND RING SIDE-PULL(1)　手輪っか横引き(1)

- 意味　おいしい．
- 動作　垂直にした輪を，顔の正面を通って横へ動かす．
- 背景　輪は完全を象徴し，横への動きはその完全さを強調している．
- 地域　オランダ．

350　HAND RING SIDE-PULL(2)　手輪っか横引き(2)

- 意味　彼女は美しい！
- 動作　水平に構えた輪を，動作者の正面から横に動かす．
- 背景　輪は完全を意味し，横への手の動きはこの意味を強調している（「美しい」を表わすのに，前項のジェスチャーを使う人もいる）．
- 地域　イタリア，とくにナポリ地域．

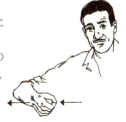

125

351　HAND ROTATE(1)　手回転(1)

(意味)　多かれ少なかれ.
(動作)　片手を身体の正面で左右に回転させる.
(背景)　手先を左や右に傾けることで, 曖昧な気持ちを表わす. 質問への答えが「多かれ少なかれ」「まあまあ」「それほど悪くはない」というときに使われる.
(地域)　ヨーロッパとアラブ諸国.

352　HAND ROTATE(2)　手回転(2)

(意味)　何か疑わしいことがある.
(動作)　片手を頭の横に上げ, あちこちに回転させる.
(地域)　スペイン, ドイツ, オーストリア.

353　HAND ROTATE(3)　手回転(3)

(意味)　同性愛.
(動作)　片手を身体の正面であちこちに回転させる.
(背景)　「どちらでも」ということを意味する.
(地域)　コロンビア.

354　HAND SALUTE　敬礼

(意味)　軍人の挨拶.
(動作)　右手を額の右横にすばやくもっていき, また下げる.
(背景)　上司に対して「帽子を脱ぐ」ことの名残りジェスチャー. 帽子やヘルメット等をとろうと意図的に手を額までもってい

126

くが,その後の動作は省略される.軍隊では,部下は将校に常に挨拶をし,将校は挨拶を返さなくてはならないというルールがあり,これに従わないのは無礼とみなされる.昔はこのように多くのジェスチャーが義務的であったが,今日「敬礼」は,一般的に使われているジェスチャーの中では,数少ない「義務的ジェスチャー」の一つである.軍人同士以外ではめったに見られないが,市民の出会いの挨拶として冗談に使われることもある.

(地域) 部族社会を除き,広範囲に普及.

355 HAND SAW 手鋸(のこぎり)

(意味) 汚職.
(動作) 片手で,もう一方の手を鋸で切るような動きをする.
(背景) 「切りつめ」のジェスチャーと呼ばれる.一片の木を鋸で切るのをまねており,交渉や商取引で,人が汚職や贈賄でだまされることを意味する.
(地域) 南アメリカ.

356 HAND SCOOP 手ひしゃく

(意味) 泥棒!
(動作) 片手で下向きにすくう.
(背景) すりが人のものをすくい取るのをまねた動作である.
(地域) 南イタリア.

357 HAND SCREW 手ねじり

(意味) 性的論評.
(動作) 片手を身体の前に構え, 瓶の蓋を外すように動かす.
(背景) 「手探り動作」といわれ, 性的な猥褻表現として使われる. 相手の女性の胸を愛撫したいという意味.
(地域) レバノン, シリア.

358 HAND SHAKE(1) 握手(1)

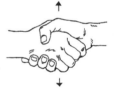

(意味) 出会いと別れの挨拶.
(動作) 二人の人がお互いの右手を握り合い, 上下に一回以上振る.
(背景) 通常の出会いの挨拶としては, 19世紀初期という, 比較的最近のものである. 昔は, お辞儀, 手を振る, 膝を曲げる会釈, 手をかざすといった形が上流社会での出会いのジェスチャーであった. 握手は今日では我々の社会に適しているが, 当時はあまりにも平等主義すぎると考えられた. 二人の地位が違っても双方が同じ動作をする握手は, すべての人が平等と考える社会にはふさわしいが, 非常に階層化された昔の社会ではまったく受け入れられなかった. 今日では, 性別による違いのみが残されている. 女性が握手をするときに手を差し出す国と差し出さない国があり, これが混乱を引き起こす. 多くのイスラム諸国では, 親しくない女性に対して男性が触れることはないので, 男性の訪問者が握手を求めて礼儀正しく手を差し出したとしても, その行為は非礼ととられる.
(地域) 近年では世界各地で見られるが, 中東やアジアでは, 額手礼や合掌して頭を軽く下げる挨拶, お辞儀が今でも好んで使われることが多い.

359 HAND SHAKE (2) 握手 (2)

(意味) おめでとう.
(動作) 前項参照.
(背景) 競技の最後に, 敗者が勝者に対して手を差し出す. 日常の挨拶としての握手の延長上にあり, 事実上, 敗者は勝者に対して「あなたはもはや以前と同じ人ではない. 私はあなたの新しい地位に対して挨拶する」と言っている.
(地域) 広範囲に普及.

360 HAND SHAKE (3) 握手 (3)

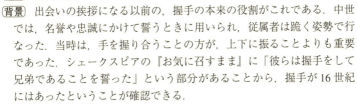

(意味) 契約を結ぶ.
(動作) 前項参照.
(背景) 出会いの挨拶になる以前の, 握手の本来の役割がこれである. 中世では, 名誉や忠誠にかけて誓うときに用いられ, 従属者は跪く姿勢で行なった. 当時は, 手を握り合うことの方が, 上下に振ることよりも重要であった. シェークスピアの『お気に召すまま』に「彼らは握手をして兄弟であることを誓った」という部分があることから, 握手が 16 世紀にはあったということが確認できる.
(地域) 起源はヨーロッパであるが, 今では広範囲に普及.

361 HAND SHAKE (4) 握手 (4)

(意味) 出会いと別れの挨拶.
(動作) 前項と同様であるが, 両手で行なう. 右手で上下に振りながら左手を添える.
(背景) 握手の拡大型である. 両手で相手の手を手袋のように覆っていることから「手袋握手」と呼ばれたり, 公人が極めて友好的であることを示すのに好んで使うため「政治家の握手」と呼ばれたりしてきた. 抱擁のミニチュア版のようなもので, 相手の手をできるだけ親しみを込めて抱

きしめる．ねらいは，挨拶の正式な形は保ちつつ，力強い友情を伝える
ことにある．

[地域] 外交，政治，ビジネス社会に広範囲に普及．

362　HAND SHAKE(5)　握手(5)

[意味]　出会いと別れの挨拶．

[動作]　前項と同様であるが，左手は相手の腕をつ
かむ．

[背景]　通常の握手をさらに拡大したもの．腕をつ
かんでいる片手は，部分的な抱擁をしていることになる．握手と抱擁を
半々にした混成ジェスチャーで，メッセージとしては「正式には握手を
しているが，抱擁したいような強い友情の絆を感じている」となる．挨
拶がより強い形になると，握手ではなく両者が抱擁し合う形になる．

[地域]　外交，政治，ビジネス社会に広範囲に普及．

363　HAND SHAKE(6)　握手(6)

[意味]　出会いと別れの挨拶．

[動作]　通常の握手と同じだが，挨拶を始める側が手のひらを下に向けた形
で差し出す点が異なる．相手側は手のひらを上にした形で応じることに
なる．

[背景]　「優位を得たい」と望む有力者のする握手である．手のひらを下に
向けて差し出すことにより，相手に挑戦することになる．この手の形が
受け入れられれば平等主義的な挨拶は失われるし，拒否されればそれを
問題にすることもできる．通常の握手では，お互いの地位に関係なく，
両者が親指を上に向けた同一の手の形をするが，この握手では手をはじ
めに差し出す方が通常の形を拒否し，自分の地位の高いことを巧妙に表
現している．

[地域]　外交，政治，ビジネス社会に広範囲に普及．

364 HAND SLAP(1) 平手打ち(1)

(意味) ばかな間違いをした.
(動作) 左手を身体の前にだらりと垂らし,その甲を右手でピシャリと打つ.
(背景) 親や教師に叩かれた動作のまねで,自分への戒めを示す.
(地域) イギリス.

365 HAND SLAP(2) 平手打ち(2)

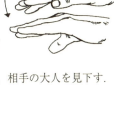

(意味) 軽蔑する.
(動作) 左手を平らに前に出し,その甲を右手でピシャリと叩く.
(背景) 親がいたずらっ子の手を叩くのをまねして,相手の大人を見下す.
(地域) サウジアラビア.

366 HAND SWEEP 手掃き

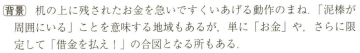

(意味) 泥棒.
(動作) 何かをかき集めるかのように,片手で机の上を一掃する.
(背景) 机の上に残されたお金を急いですくいあげる動作のまね.「泥棒が周囲にいる」ことを意味する地域もあるが,単に「お金」や,さらに限定して「借金を払え!」の合図となる所もある.
(地域) 南アメリカでは,一般的に「誰かが盗みをしている」の合図になるが,ペルーでは単に「お金」を意味する.

367 HAND SWIVEL 手旋回

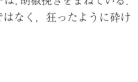

- (意味) 彼は気が変だ!
- (動作) 前腕を垂直に立て,その肘の下にもう一方の手の指先を当てる.次に,ハンドルを回転させるように,手先を旋回させる.
- (背景) 「胡椒」として知られるこのジェスチャーは,胡椒挽きをまねている.気がおかしい人は,静かで分別があるわけではなく,狂ったように砕ける頭を持っているとの考えからきている.
- (地域) 南イタリア.

368 HAND THRUST 手突き出し

- (意味) 彼女は売春婦だ.
- (動作) 手のひらを下にした平手を,身体の面でくり返し突き出す.
- (背景) 多くの性的ジェスチャーがそうであるように,性交の動きのまねである.
- (地域) 南アメリカ.

369 HAND TOSS 手投げ

- (意味) 消え失せろ!
- (動作) 片手で想像上の物を肩ごしに投げる.
- (背景) 何か,価値のないものを投げ捨てるのを象徴している.
- (地域) フランス.

370　HAND TURN　手返し

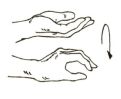

(意味) 侮辱.
(動作) ウェストのあたりで，片手をすばやく一回返す.
(背景) 物を投げ上げて，それが地面に落ちる動きのまね．価値がないから，投げ捨てて構わないという意味をもつ.
(地域) レバノン，シリア.

371　HAND V-SIGN(1)　Vサイン(1)

(意味) 勝利.
(動作) 人さし指と中指でVサインを作る．手のひらは前方に向ける.
(背景) このジェスチャーに限っては，作り出された正確な日が分かっている．Victory「勝利」のVをとったこのサインは，1941年1月14日に，ヴィクトール・ド・ラヴレーというぴったりの名のベルギーの法律家によって考え出された．戦争時の放送では，ナチに対抗する宣伝活動の象徴としてVサインを提案し，ウィンストン・チャーチルはその考えを採り入れて公に使い始めた．戦後になってもチャーチルは個人的な象徴として使い続け，徐々に軍事，政治，スポーツ，個人などのあらゆる勝利を表わすことになった.
(地域) イギリスから始まり，今ではほとんど世界中に普及している.

372　HAND V-SIGN(2)　Vサイン(2)

(意味) 侮辱.
(動作) 人さし指と中指でVサインを作り，手のひらを自分の方に向ける.
(背景) イギリスに固有なこのVサインは，勝利のVサインと混乱して外国人を困惑させる．Vサインは手の向きに関係なく勝利

133

を意味すると考えがちだが、イギリス人にとっては手のひらの向きは決定的な要因なのである。手のひらが動作者の方に向くと、勝利の象徴は侮辱のメッセージへと変わるのだが、無礼なVサインの象徴は何かと問うと、当のイギリス人でさえ困惑する。十以上の異なる説明がなされたが、もっともらしいのは、次にあげる説明である。

1) 寝取られ夫の変形。よく知られている、寝取られ夫の角サインは人さし指と小指を伸ばして作られる。多分これをよく知らなくて、小指の代わりに中指を使って、Vサインに変形させたのだろう。

2) 強調された男根サイン。古代ローマからある猥褻な中指のサインは、一本の指を男根のシンボルとして使っている。二本の指を使うことによって、Vサインは「強調された」男根となり、猥褻さが増す。

3) 女性器のサイン。この解釈では二本の指を女性の陰部か、開いた性器か、広げた両足を表わしていると見る。

4) 挿入された指サイン。前戯での男性の指の挿入をまねている。

これらの説明は、Vサインを下品な侮辱として使う人々が単にその起源を推測しただけだが、それぞれに理解が異なっても強烈な侮辱のシグナルとしての影響力が弱まることはない。

これらの現代的説明のほかに、ジェスチャーの出生を説明するかなり異なる歴史的解釈がある。ノルマン人が侵略してきたとき、イギリスの弓の射手たちは、戦いに敗れたら二度と再びフランス軍に対して弓を射ることができないように、人さし指と中指を切断されると警告されていた。彼らは自分たちの弓の腕前を一生だめにするこの罰を恐れていたので、有名な戦いに勝って大変安心した。のちに人さし指と中指が健在であることを示すためにこの二本の指を掲げ、負けたフランス人を嘲弄したという。もし、これが侮辱のVサインの本当の起源であるなら、イギリスに固有に起こるという点は説明できる。この小さな歴史の一片は忘れられ、さまざまな現代的解釈がなされてきたのである。

地域 ほとんど例外なくイギリス諸島に限られる。他の場所としては、マルタ島のように、とくにイギリス帝国の影響が強かった前植民地でのみ見られる。

373 HAND WAG 片手揺らし

(意味) いいえ！
(動作) 片手の手のひらを相手に向け，左右にすばやく振る．「否定的な」顔の表情を伴う．
(背景) 否定の意味で頭を振ることの代用として使われる．「いいえ結構！」と頭を振っても明瞭に見えないような遠距離からのシグナルとして，レストランや職場，パーティー等でよく使われる．
(地域) 広範囲に普及．

374 HAND WAVE(1) 片手振り(1)

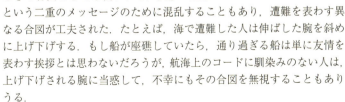

(意味) こんにちは／さようなら／助けて．
(動作) 手を上げ，手のひらを相手側に向けて左右に振る．
(背景) 一般的で広く普及した手振りの方法で，どこででも理解される．もともと，最も簡単な遠くからの合図なので，遭難にあったときの合図としても使われる．挨拶と遭難という二重のメッセージのために混乱することもあり，遭難を表わす異なる合図が工夫された．たとえば，海で遭難した人は伸ばした腕を斜めに上げ下げする．もし船が座礁していたら，通り過ぎる船は単に友情を表わす挨拶とは思わないだろうが，航海上のコードに馴染みのない人は，上げ下げされる腕に当惑して，不幸にもその合図を無視することもありうる．
(地域) どこででも一般的であるが，イタリアではあまり使われない．

375　HAND WAVE(2)　片手振り(2)

(意味)　こんにちは／さようなら．
(動作)　手のひらを相手の方に向けて上下に振る．
(背景)　通常の「片手振り」の変形で，大人が子供に向けてしたり，子供同士でよく使う．手のひらを下向きにする「手招き」と混同されやすい．
(地域)　どこででも一般的であるが，イタリアではあまり使われない．

376　HAND WAVE(3)　片手振り(3)

(意味)　こんにちは／さようなら．
(動作)　片手を空中で振るが，手のひらは相手から見えない側にある．手先は誰かを抱擁したり，相手の背中を軽く叩くように動かす．
(背景)　異なる起源をもつ「イタリア人の手振り」で，相手を抱擁したり，背中を軽く叩く行為に由来する．手を振って「空中での抱擁」をしているのである．手の動きは通常は早いが，ローマ法王がバルコニーから手を振るときはゆっくりとしたやり方が使われる．法王は，象徴的に教徒たちを抱擁するように手を振る．
(地域)　シシリーとサルジニアを含むイタリア．イタリアの領域外では稀であるが，儀礼的なイギリス王室の手振り（British Royal Wave）のように特別な状況では見られることもある．

377 HAND 'WRITE' 手書き

(意味) 請求書を持ってきて.
(動作) 片手をウェイターの方に向けて持ち上げ,書くまねをする.
(背景) にぎやかで混んだレストランでは, 食後にこのジェスチャーをしても不作法にはならない. お客が何をしてほしいかを知るのに, わざわざ来なくてもすむからである.
(地域) 西欧社会で一般的.

378 HANDS CLASP 両手組み

(意味) 嘆願.
(動作) 胸の前で両手の指を組み合わせる.
(背景) 祈りの姿勢の変形で, 正式に祈るときと個人的な嘆願の両方に使われる.
(地域) イタリア.

379 HANDS CLASP-RAISE 握手上げ

(意味) 出会いの挨拶.
(動作) 通常の握手のようにお互いの右手を握り,そのまま高く上げ, 一番上で手を放す.
(背景) 広く知られている握手の地域限定版.
(地域) アフリカ. とくにバントゥー族.

380 HANDS CROSS 両手交差

(意味) いいえ.
(動作) 手のひらを相手の方に向け, 両手を交差させる.
(背景) 「片手揺らし」(⇨ 373) の両手を使った変型である. 手首の動きの代わりに腕の動きを使っている. 「もう結構」の合図として最もよく使われる.
(地域) 広範囲に普及.

381 HANDS 'DONKEY' (1) ロバ(1)

(意味) 彼は愚かだ.
(動作) 両手の手のひらを合わせ, 親指を立て, 小指を離す.
(背景) ロバの頭をまねたもので, 人が愚かなロバだということを意味している.
(地域) イタリア.

382 HANDS 'DONKEY' (2) ロバ(2)

(意味) 彼は愚かだ.
(動作) 平手の上に, もう一方の手を重ね, 親指を横に突き出す.
(背景) 親指を耳として, 手でロバの頭をまねた形. 前項のジェスチャーと同様に,「愚かなロバだ」を意味する.
(地域) イタリア.

383 HANDS 'FLUTE' フルート

- 意味 私は退屈だ.
- 動作 両手でフルートを吹くまねをする.
- 背景 際限なく続くフルートのゆるやかな音と同様に,話が退屈だという意味.
- 地域 フランス.

384 HANDS HORN-SIGN(1) 両角サイン(1)

- 意味 寝取られ夫.
- 動作 両手をこめかみにあて,人さし指を二本の角のように少し上前方に曲げる.
- 背景 「角サイン(1)垂直型」(⇨ 323)を両手で行なった形.典型的な片手型の代わりに使われることがある.
- 地域 地中海地域.

385 HANDS HORN-SIGN(2) 両角サイン(2)

- 意味 嫉妬.
- 動作 前項参照.
- 背景 西欧で寝取られ夫を意味する角サインは,東洋では嫉妬を意味する.日本の花嫁は嫉妬の感情を消すために,結婚式で「角隠し」と呼ばれる特別な被りものを着ける.
- 地域 日本.

386 HANDS 'LOZENGE' 両手菱形

(意味) 売春婦.
(動作) 両手で，菱形あるいはダイヤモンドのような形を作る.
(背景) 女性器の輪郭を描いたもの．男性が「彼女は売春婦だ」と合図するのが最も一般的で，あからさまな性交に関して使われる.
(地域) 南アメリカ.

387 HANDS 'ORIFICE' 両手穴

(意味) 性的侮辱.
(動作) 両手で半円二つを合わせた大きな円を形づくる.
(背景) 猥褻な肛門ジェスチャー．メッセージは「こんな大きな穴をあげる」となる.
(地域) イタリアのナポリ地域.

388 HANDS PRAY-SHAKE 振り祈り

(意味) 何をしてほしいのか.
(動作) 祈るときのように指先を合わせ，その手を上下に数回せわしなく振る．手は手首から弧を描くように縦に動かす.
(背景) 「いらいらした嘆願」というのが最も適した描写で，祈りの動作と両手を振ることが結びついた混成ジェスチャーである．祈りの部分は「神の名において私に何を望んでいるのか」を意味し，手を振り動かす部分は「私はあなたに懇願する」となる.
(地域) イタリア.

389 HANDS RAISE-CLASP　両手握り上げ

(意味) 勝利！
(動作) 両手を頭の上に上げ，手と手をしっかり握り合わせて，数秒そのままにするか，前後に動かす．
(背景) ボクサーの勝利の表現として使われ始め，他のスポーツやスポーツ以外の場にも広まりを見せている．あらゆる勝利の表現がそうであるように，自分を「高く」見せることに基づく．ボクシングの場合，相手から乱打を受けたにもかかわらず，まだ腕を高く上げる力があることを示す．また，大群衆の中でボクサーの身体が見えなくても，両手を上げると見えるという利点がある．
(地域) アメリカ合衆国で使われ始めたが，今は広く普及．

390 HANDS ROLL　両手巻き

(意味) 厄介な問題がある．
(動作) 両方の手を，円を描くように代わる代わる回す．
(背景) 両手の動きは，決して終わらない進行過程を表わしている．
(地域) 南アメリカ．

391 HANDS SCISSOR　両手鋏(はさみ)

(意味) もう終わりだ！
(動作) 大きな鋏の刃のように両手をお互いに交差させ，力強く切るようにする．
(背景) 議論を終わらせたいとき，「悪いが，私がこの問題について言いたいことはこれですべてだ」と言って，論争を大きな鋏で象徴的に切る．この動作は論争が加熱しているときに，無意識によ

く使われる.

⟨地域⟩ 世界各地.

392 HANDS SHRUG(1) 両手すくめ(1)

⟨意味⟩ 否認.

⟨動作⟩ 質問に対して,両手をすくめる.手のひらは上に向け,人さし指側から小指に向けて徐々に強く指先を丸める.

⟨背景⟩ 大きなボウリングのボールをつかむ時の手の形に似ているところから,このジェスチャーの描写には「ボウリングのポーズ」という名称が使われてきた.

⟨地域⟩ 広く普及しているが,もともとは西欧のジェスチャー.西欧では一般的だが,普遍的なジェスチャーではない.たとえば,国際化の影響で,「最近では日本人にも両手すくめをする人が出始めている」と報告されている.

393 HANDS SHRUG(2) 両手すくめ(2)

⟨意味⟩ ごまかし.

⟨動作⟩ 話をしながら両手をすくめる(言葉では否定しない).

⟨背景⟩ 話し手が否認しているときには,このジェスチャーは自分の言葉を支持していることになるが,否認していないときに,無意識にこのジェスチャーをすれば,嘘をついていることになる.

⟨地域⟩ 前項参照.

142

394 HANDS 'THROTTLE' 絞り弁

(意味) お前の喉を締めるぞ！
(動作) 両手で人を窒息死させる動作をまねる．
(背景) 「喉つかみ(1)」(⇨ 596) の両手型である．
　自分の喉を締める代わりに，自分の前の架空の人の首を締めるために両手を使う．
(地域) 広範囲に普及．

395 HANDS T-SIGN (1) Tサイン (1)

(意味) 休憩．
(動作) 片手を水平にし，もう一方の手で下から垂直に触れる．
(背景) T字の単純なまねで，アメリカン・フットボールから始まった．今はその他の状況でも使われており，一般には休憩時間だと相手に伝えたい時に使われる．
(地域) もともとはアメリカ合衆国だけであったが，今は広く普及している．

396 HANDS T-SIGN (2) Tサイン (2)

(意味) 前項参照．
(動作) T字を作るのに，下側の手は人さし指のみを使う．
(背景) 「傘のジェスチャー」と呼ばれるこの形は，一日の仕事の終わりに，「仕事をやめて横になる時間だよ」と伝えるのに使われる．北アメリカの「休憩」の合図の特定地域版か，それとは

別に生じたもので，水平の手が仕事を終えた後で身体を横たえている人を象徴しているのかもしれない．
(地域) ペルー．

397 HANDS T-SIGN(3) Tサイン(3)

(意味) 一緒にやろうという誘い.
(動作) 前項の「Tサイン(2)」とまったく同じで,垂直の要素を作るのに,人さし指のみが使われる.
(背景) 通常は,ゲームやグループ活動に友人を呼ぶときに使われる.
(地域) イタリア.

398 HANDS WRING 両手握り

(意味) どうぞ助けて!
(動作) 身体の前で,固く握り合わせた両手を前後に動かす.
(背景) 慈悲を乞う古くからのジェスチャー.今日では,神の助けを乞うような宗教的な状況か,相手に懇願するような芝居がかった状況で見られる.起源は,抱擁のまねで,相手の身体を抱擁するように両手を握りしめる.
(地域) 世界各地.

399 HAT RAISE 帽子上げ

(意味) 挨拶.
(動作) 右手で頭から帽子を一時的に取り,また戻す.
(背景) この挨拶の形には,長く複雑な歴史がある.昔はどのように帽子を正しく脱ぐかについての詳細が,エチケットの本の一章を費やして詳細に書かれていたものだが,次に述べるように時代とともに変化したのである.まず,中世では,身分の低い者が高い者に出会ったときに,一般的に身体を低くする過程の一部として使われていた.帽子を取る理由は,次の二つである.

144

1) 挨拶をする人の正体を隠しているのは礼儀に反する（初期の帽子やフードの多くは，頭部のほとんどを覆っていたため）．
2) 帽子を被るとそれだけ背が高くなるため，有力者の前で身体を低くするには，まず帽子を取る．

中世では，帽子は一度取ると別れるまで手で持った．帽子の内側は汚れていて相手の感情を害すると考えられていたため，有力者にその帽子の裏側を見せるような形で持つのは無礼とされた．このルールは，男性がかつらを被るのが流行しはじめた18世紀に変わり，脱いだ帽子が汚れていないことを明示するため，逆に内側がよく見えるような形で持つことがとくに要求されるようになった．帽子は大げさにかざし，お辞儀も深々としたが，19世紀にはこの伝統は次第になくなり，単に帽子を取って戻すだけになった．20世紀になって，さらに，帽子はわずかに持ち上げすぐに戻すという形になったのである．

(地域) 西欧社会．東洋では，帽子を取ることが，「始めの礼儀」として靴を脱ぐことにほぼ置き換えられる．

400　HAT TIP　帽子持ち上げ

(意味) 挨拶．
(動作) 片手で帽子の縁に軽く触れる．
(背景) 古くからの帽子を取るジェスチャーの究極的な省略形．今日では，この帽子に手をやることだけが挨拶の儀式に残されており，手を下ろす前に指で帽子の縁を一瞬触ったり，つかんだりする．
(地域) 前項同様．

401　HEAD BECKON　頭招き

(意味) こっちへ来なさい！
(動作) 頭を後方へ強く引く．
(背景) 近くに来るように人を呼ぶときの横柄な方法で，相手の感情を配慮しないような支配者が使う．この招

き方が不作法なのは，呼ぶ相手に価値がないとみなして，通常人を招くときの手を上げる努力すらできないと考える点である．不作法にあたらないのは，内緒で招く場合で，手招きが目立ちすぎるときには，相手だけに分かるようにこっそり頭で合図する．
(地域) 広範囲に普及．

402　HEAD CLAMP　頭留め

(意味) 優越．
(動作) 身体を後ろへ反らし，両手を頭の後ろに固定させる．
(背景) 熱意や注意を表わす必要がないと思っていることを表わす．熱心に前屈みになるのとは逆の姿勢をとり，両手は頭を支える枕の役目を果たす．ビジネスの場面では，独善的な人が，完全に状況を把握しているかのようにリラックスしている様子を表わす．
(地域) 北アメリカで最も一般的．とくに南西部だが，他でも見られる．

403　HEAD NOD　うなずき

(意味) はい！
(動作) 頭を上下に一回以上，縦に動かす．上へも下へもほとんど同じ強さであるが，下向きの方が多少強い．
(背景) 母乳を飲むときの，下向きの赤ん坊の頭の動きに由来しているといわれるが，従属的な身体を低める姿勢の省略形，つまりお辞儀のミニチュア版という見方もある．
(地域) 世界各地．

404 HEAD PAT　頭撫で

- (意味)　小さな子供への親しみを込めた挨拶.
- (動作)　大人が子供の頭を優しく軽く撫でる.
- (背景)　この一般的なジェスチャーが,特定の地域では非常に無礼とみなされるのは興味深い.西欧では,両親や親しい大人は子供の頭を軽く撫でることが多い.握手は幼い子供にはふさわしくないため,その代わりに使っているのである.ところが,ある極東の国々では,小さな子供の場合でも頭の上は決して触れない.これは,頭が身体の中で最も神聖な部分で,そこに触れることは神への侮辱であると考えられているからである.
- (地域)　極東以外では広範囲に普及.タイではとくにタブーとされている.

405 HEAD ROLL（1）　頭揺れ（1）

- (意味)　肯定,いや否定.
- (動作)　頭を左右に交互に傾ける.
- (背景)　疑いや優柔不断を表わすジェスチャー.まず一方に動かし,次に他方へ動かすことにより,頭の動きが矛盾する感情を象徴する.「こっちに傾けたらいいか,あっちに傾けるべきか」という問いを投げかけており,手を左右に動かすことによって,同様の矛盾する感情を示す人も多い.
- (地域)　はじめはユダヤ人のジェスチャーと考えられていたが,ヨーロッパの東部や中央部でよく知られている.どこででも理解され,自分たちでは使わない人々にも通じる.

406 HEAD ROLL（2）　頭揺れ（2）

- (意味)　はい！
- (動作)　前項参照.
- (背景)　ある文化では,「頭揺れ」（Head Roll あるいは

147

Head Wobble と呼ばれる)が肯定を意味し,よく知られている「うなずき」(⇨ 403)の代わりに使われるが,「頭振り」(⇨ 408)に大変似ているために大きな混乱を引き起こす.つまり,頭を左右に揺らして実際は肯定を示しているのに,外国からの訪問者は,否定を表わしていると勘違いしやすい.実際,その地域のジェスチャーを習い覚えると,肯定を示すときにこのジェスチャーを使い始めるが,不運にも,その地域の住民は訪問者が肯定と否定のコードを切り換えたかどうか分からないので,外国の否定を使い続けていると思う.誤解は際限なく続くことになる.

(地域) ブルガリア,インド,パキスタン.このジェスチャーは不思議な分布をしており,ヨーロッパのブルガリアとアジアの間に明白なつながりがない.ギリシャ,トルコ,イランでも使われるのを見たことがあるという者もおり,このことは古代の東ヨーロッパと中央アジアの間の「ジェスチャーの通路(gestural corridor)」の存在を示唆している.

407 HEAD SCRATCH 頭掻き

(意味) 困った.
(動作) 片手で頭髪を掻く.
(背景) 掻きむしることは,葛藤に対する自然な反応として起こる.意図的に行なうときは,無意識的に出る反応を様式化した形と考えられる.
(地域) 広範囲に普及.

408 HEAD SHAKE 頭振り

(意味) いいえ!
(動作) 頭を左右に,同じ程度の強さで動かす.
(背景) 幼い頃の食べ物を拒否する動きに由来する.母乳か匙ですくった食べ物が欲しくないとき,赤ん坊は頭を横に曲げる.この動きが否定的な答えに関連しているのであ

る.
(地域) 広範囲に普及.

409　HEAD SIDE-TURN　頭横曲げ

(意味) いいえ！
(動作) 頭を鋭く一方に曲げ，次に中央の位置に戻す.
(背景) より一般的な否定表現である「頭振り」（⇨ 408）の特定地域版.
(地域) エチオピア.

410　HEAD SLAP　平手打ち

(意味) 私は何てばかなんだろう！
(動作) 片手ですばやく，激しく頬を打つ.
(背景) ばかなことをしてと他人に頭を平手打ちされる動作を，自分の手でまねた形.
(地域) 広範囲に普及しているが，最も一般的なのはヨーロッパの中央部と東部.

411　HEAD SUPPORT　頭支え

(意味) 退屈.
(動作) 頭部の重さを片手で支える.
(背景) 思慮深さを表わすともいわれるが，根底にあるメッセージは，話の進行に退屈していることを示す. 意図的で様式的な動作ではなく，ほとんど無意識に行なわれるため，話し手にとっては聴衆の反応を見る有効な指標となる.
(地域) 世界各地.

412 HEAD TAP 頭叩き

(意味) もうたくさんだ.

(動作) 平手を水平に頭の上に置き, 数回頭を叩く.

(背景) 「もうたくさん」という意味のジェスチャーの
より極端な形. 一般的な「顎叩き」(⇨97) での顎
という位置をさらに越え, 人体の最も高い位置である頭まで一杯である
ことを示している.

(地域) 南アメリカ.

413 HEAD TOSS(1) 頭上げ(1)

(意味) いいえ!

(動作) 頭を激しく後ろへ傾ける.

(背景) 世界中のほとんどの人は, いいえと言うとき,
頭を左右に振るが, ある地域では代わりに頭を強
く後ろに引く. 両方とも, 由来は子供の動作にある. お腹一杯食べたのに,
親がもう一匙無理に口に入れようとすると, 幼児は頭を横に曲げるか上
に上げて食べ物を拒否する. つまり, 幼児にとって, 頭部をすばやく横
か上に動かすのは否定を意味する. 頭を横に振る動きは, 多くの文化で
一般的に否定を意味する「頭振り」(⇨408) として普及したが, 頭部を
上に上げることが否定のジェスチャーとなった所もあるというわけであ
る.

(地域) ほとんどのアラブ社会で見られる. ヨーロッパでは通常「ギリシャ
の否定(Greek No)」として知られ, 今日ではトルコ, コルフ, マルタ,
シシリー, イタリア南部に広がっている. とくに興味深い点は, イタリ
アではその使用が, ナポリとローマの間のマッシコ山脈より北には広
がっていないという点である. これは, 2500年前にギリシャのイタリア
植民地支配が止まった地点である. この「ジェスチャー境界線(gesture
barrier)」は, 古代のボディーランゲージの形が極端に保守的で, 現代で
は生活上移動の可能性が増したにもかかわらず, 何世紀にもわたってほ
とんど変化していないことを示している.

414 HEAD TOSS(2) 頭上げ(2)

(意味) はい！
(動作) 前項参照.
(背景) ある地域では，まったく逆の意味である肯定を意味する．起源は異なり，友人に挨拶するときによく頭部を後方に引くことに由来する.
(地域) エチオピア.

415 HEART CLASP(1) 胸握り(1)

(意味) あなたを愛している.
(動作) 心臓を覆うように，右手の手のひらを左胸にあてる.
(背景) ロマン主義の時代には，永遠の愛を表わす恋人のジェスチャーであった．象徴的なメッセージは，「あなたはとても美しいので，私の心をときめかせる」となる．今日多くの国々では冗談めかした場面でのみ使われるが，南アメリカの一部の国々では，純粋な，自然に生じるジェスチャーとして使われている．
(地域) 広範囲に普及.

416 HEART CLASP(2) 胸握り(2)

(意味) 忠誠.
(動作) 前項参照.
(背景) 忠誠を示したり，献身を誓うことを示す古くからのジェスチャーで，「私の心はあなたのものです」と象徴的に伝える．古代ギリシャの時代から知られ，主人の命令を待っている，奴隷たちの従属のジェスチャーであった．今日では国旗への忠誠を示すため，政治やスポーツ等の公の場で，国歌が演奏される間によく使われる．軍隊に対しては，手を額にもっていく典型的な兵隊の敬礼の代用と

して，年配の一般市民が使う．以前は政治家の正装には帽子があり，それを取って胸部にもっていったのだが，今は帽子がなくても，片手は同じ動きをする．

(地域) 今日ではアメリカ合衆国で最も一般的に見られる．

417　HEART CROSS　胸部十字

(意味) 私は真実を述べている．

(動作) 右手の人さし指で，胸部の心臓の位置の上に十字を描く．

(背景) 言葉を伴わずに使われることもあるが，通常はCross my heart and hope to die.「神にかけて誓う」という表現を伴う．献身的なキリスト教徒にとっては，心臓の上に十字を描くという神聖で象徴的なジェスチャーであり，「嘘をついたら神はお怒りになるだろう」というメッセージを含んでいる．現在，キリスト教徒以外の人々の間でも使われ続けているのは，心臓に十字を描くことが，嘘をついた人への罰として象徴的に心臓を四つ裂きにするという意味で解釈されているからである．

(地域) キリスト教国では広範囲に普及．

418　HEART PAT　胸部叩き

(意味) 助けが必要だ．

(動作) 右手の手のひらで心臓のあたりを軽く叩く．

(背景) 動作者がパニックに陥っていることを意味し，心臓の鼓動が早まっていることをまねている．

(地域) 中東で最も一般的．

419　HEART PRESS　胸部押し

意味　深い尊敬.
動作　左手のこぶしを右手で覆い，その両方を心臓部に押しつける.
背景　誰かのために心臓を抱く動作は，通常年配の人に対する深い尊敬の念を表わす.
地域　台湾.

420　HEELS CLICK　踵クリック

意味　尊敬を込めた挨拶.
動作　カチッと音を立てて踵を合わせ，両足をピタリとつける. 短いお辞儀を伴うことが多い.
背景　起源は軍隊の動作で，将校が近づいてきたときに起立して姿勢を正す動作の一部である．一般の市民生活では，軍隊的な感じはするものの，正式に尊敬を表わす挨拶として使われている.
地域　非軍事的な状況での使用は，ドイツ，オーストリア，また，アルゼンチンのような特定の南アメリカの国々に限られる.

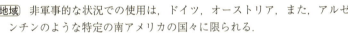

421　HIPS JERK　腰突き出し

意味　性的猥褻さ.
動作　両肘を身体の脇につけ，腰をくり返し前方に突き出す．上腕は前方に曲げ，腰を前に動かすときに後ろへ引く.
背景　性交時の男性の骨盤の突き出しをまねている．両腕は女性の身体を支えているような位置に置く.
地域　広範囲に普及.

153

422 KNEE KNEEL 片膝跪き

(意味) 正式な従属の形.

(動作) 片膝が地面につくまで身体を低める.

(背景) 中世では，神への従属が「両足で跪くこと」だったので，支配者に対しては「片足で跪く」ことが従属を表わす伝統的なジェスチャーとなった．それ以後何世紀も経て徐々に使われなくなり，片膝を曲げる女性の会釈やお辞儀にとって代わられ，さらに現代の平等主義的な「握手(1)」(⇨ 358)へと変化した．ヴィクトリア時代には，若い男性が結婚を申し込むときに用いたが，今日では君主から勲爵士の位を受け取るときのような，極めて公式な場合に限って使われる.

(地域) ヨーロッパ．稀である.

423 KNEE SCRATCH 膝掻き

(意味) 幸運.

(動作) 片手で片膝を掻く.

(背景) 幸運をもたらし，悪運を避けることを意味する迷信的動作．とくに，近い将来に未来の夫に出会える可能性が高まると信じられている．少女たちが田舎で，珍しい「三人の僧か三人の黒人」を見かけて不吉な予感がしたときに使う.

(地域) 南アメリカ.

424 KNEES CLASP 膝つかみ

(意味) もう立ち去るところだ.

(動作) 腰かけていた人が前屈みになり，両膝を両手で握る.

(背景) 腰かけた位置から立ち上がろうとする「意図的な動き」で，人が立ち去りたがっていることを（意識的か無意識的に）知

らせる合図として使う．
(地域) 世界各地．

425　KNEES KNEEL　両膝跪き (ひざまず)

(意味) 正式な従属．
(動作) 身体を低め，両膝を地面につける．
(背景) 古代の従属者たちは領主や王，その他の有力者に対して両膝で地面に跪いたが，中世では両膝は神に対してのみとされ，支配者に対しては片膝だけ差し出すようになった．西欧社会ではこの違いは今でも見られ，両膝で跪くことは，教会で礼拝者が行なったり，スポーツ選手が偉大な勝利の瞬間に神に感謝を捧げるときにのみ使われる．
(地域) 広範囲に普及．

426　KNUCKLE KISS　指関節キス

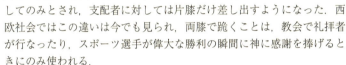

(意味) 感謝の気持ち．
(動作) 右手のつけ根の指関節にキスをし，手を回して手のひらを上に向ける．同時に両目を天に向ける．
(背景) 感謝のキスを神に捧げている．
(地域) アラブ文化圏．

427　KNUCKLE RUB　指関節こすり

(意味) 性的関心．
(動作) 男性が魅力的な女性と握手しながら，女性の指のつけ根を親指で前後に優しくこする．

(背景) 男根を象徴する親指のリズミカルな動きは，性的メッセージを伝え

ることが多い.
[地域] 中東.

428 KNUCKLE STRIKE　指関節打ち

[意味] やれるものならやってみろ！
[動作] 片手のこぶしの指関節を，もう一方のこぶしで叩く.
[地域] トルコ.

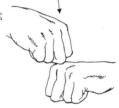

429 KNUCKLE TOUCH-WOOD　木触り

[意味] 加護.
[動作] 片手で木の表面を数回叩く．伝統的には右手の指関節でするが，今日ではどちらかの手の指を使う人が多い．通常，Touch wood!「いやな目に会いませんように」という決まり文句を伴う.
[背景] 古代の迷信的な習慣で，木を崇拝していた時代に遡る．当時は巨大なオークの根があの世にまで下りていっていると考えられ，強力な木の精霊をなだめるために，聖なるオークの木に触れる習慣があった（のちにキリスト教徒は，この異教徒の習慣を「加護を求めてキリストの十字架に触れる」ことに変えた）．一般には，どの状況でどの木を使っても構わないが，この信仰を真剣に信じている人々は，より自然な木であるオークを今でも好んで使う．このジェスチャーは，自慢話をしても罰が当らないように願って使われる．少しでも幸運だと言うと，邪悪な精霊がそれに魅かれてやってくると考えられているからである．幸運だと言っている人を見つけると邪悪な精霊が嫉妬して，ただちにその幸運を壊そうとすることを，昔の諺は He who talks of happiness summons grief.「幸運を口にすると災いを呼ぶ」と言っ

ていた．合理的になり，迷信を信じなくなった今日でさえ，たとえば「今までこの車パンクしたことないよ」と言ったあとには，プラスチックや金属の間にまぎれている木を必死に探して，起こるかもしれない運命から自分たちを守ろうとする．ウィンストン・チャーチルも「木片から離れた所にはいたくない」と言ったといわれる．

(地域) 広範囲に普及しているが，とくにイギリス諸島で一般的．オランダでは木のテーブルの裏が磨かれておらず，より自然な状態なのでそこに触れる．かつては金属の方が貴重で「魔法」の物質といわれていたため，木の代わりに金属に触れる地域もある．

430 LEG CLAMP　足留め

(意味) 頑固．
(動作) 組んだ足を両手でしっかりとその位置に留める．
(背景) 議論の中で，説得に応じない人のとる無意識な反応．「私の考えは，この身体のようにしっかりと固定されており，少しも変わらない」という意味．
(地域) 広範囲に普及．

431 LEG STROKE　足撫で

(意味) あなたは魅力的だ．
(動作) 無意識に自分の足を撫でる．
(背景) 相手が魅力的であるとき，相手にしてもらいたいことを，無意識に自分自身の身体に対してする．たとえば，若い少女たちがポップコンサートでアイドルに抱きしめてほしければ，自分たち同士で抱き合う．そのような極端な反応は一般社会の出会いでは稀であるが，隠しきれないサインはある．つまり，相手の話を聞いているときや話しかけているときに身体を撫でるのは，話の内容が何であれ優しく撫でてもらいたいという望みを表わしている．足を撫でるのは，この反応の最も一般的な形である．

157

(地域) 広範囲に普及.

432 LEGS CROSS (1) ANKLE-ANKLE
両足組み(1) 足首・足首型

(意味) 礼儀正しいくつろぎ.
(動作) 腰かけて,両足を足首のところで交差させる.
(背景) 何か要求されたときに,この姿勢では急に行動を起こすことができないことから,両足を交差させることは,くつろぎを示すといわれる.地位の低い者は,注意深く,足を組まずに前屈みに座っているが,くつろいでいる人や有力者は,準備体勢をとらなくてもよいというわけだ.足首と足首を組むのは,足組みの最も目立たない形であるため,最も礼儀正しく控え目である.正式な集合写真で座っている人が通常用いても構わない姿勢である.たとえば,女王は公の場では,これ以外の形で足を組むことはない.
(地域) 世界各地.

433 LEGS CROSS (2) KNEE-KNEE
両足組み(2) 膝・膝型

(意味) とてもくつろいでいる.
(動作) 腰かけて,両足を膝のところで交差させる.
(背景) 典型的な足組みの姿勢.ヨーロッパでは男女ともに使われるが,アメリカでは女性に限定される傾向があるため,アメリカ人男性にとっては,ヨーロッパの男性がこの姿勢で腰かけているのは気にかかる.彼らの眼には,この姿勢は本質的に女性をイメージさせるからである.
(地域) 世界各地.

434 LEGS CROSS (3) ANKLE-KNEE
両足組み (3) 足首・膝型

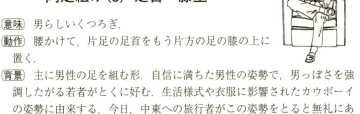

- 意味 男らしいくつろぎ.
- 動作 腰かけて, 片足の足首をもう片方の足の膝の上に置く.
- 背景 主に男性の足を組む形. 自信に満ちた男性の姿勢で, 男っぽさを強調したがる若者がとくに好む. 生活様式や衣服に影響されたカウボーイの姿勢に由来する. 今日, 中東への旅行者がこの姿勢をとると無礼にあたるのは, 靴の裏を見せることが侮辱を意味するからである. タイや日本のような東洋の国々でも, 足を組むという形自体が稀なため, かなり不作法だと見られる.
- 地域 西欧社会では広範囲に普及しているが, アメリカ合衆国で最も一般的. とくに中西部.

435 LEGS CURTSEY 跪(ひざまず)き会釈

- 意味 正式な従属.
- 動作 両足を膝のところで曲げ, 片方を後ろに引く. 身体を低めた姿勢をとるのはわずかな間.
- 背景 意図的に跪くが, 地面につく手前で止める. 中世の省略された跪きの形として, 数世紀にわたって従属を示す一般的なやり方とされた. シェークスピアの時代には, 男女とも尊敬を表わす挨拶として膝を曲げてお辞儀をしていたが, その後, 男性はお辞儀をし, 女性のみが膝を曲げて会釈するようになった. 今日では, 王家を交えたような極めて公的な場でのみ使われる.
- 地域 ヨーロッパで使われるが, 稀.

159

436 LEGS TWINE　両足寄り合わせ

- 意味 女らしいくつろぎ.
- 動作 腰かけて,片足をもう一方の足にぴったり寄り合わせる.
- 背景 女性の姿勢である.男性にとってこの姿勢は居心地の悪いことが多いばかりか,不可能な場合もあるため,無意識に使っても強力な女らしさのサインとなる.両足をお互いにピッタリつけることが,自分自身を抱擁しているようで,多少性的な印象を与える.
- 地域 広範囲に普及.

437 LIP BITE　唇噛み

- 意味 私は怒っている.
- 動作 歯で自分の下唇を噛み,頭を激しく左右に振る.
- 地域 広範囲に普及.

438 LIP TOUCH　唇触り

- 意味 話がしたい.
- 動作 人さし指の先で,数回下唇を触る.
- 背景 多くの単純なジェスチャーに見られるように,身体の一部に触ることは人の注意を引く.口は,話すこと,飲むこと,食べること,キスすることに使われるので,誤解が生まれやすい.とくにこのジェスチャーは,空腹を表わす「手すぼめ(7)」(⇨339)と混同されやすいが,下唇に触る点が異なる.
- 地域 ギリシャ.

439　LIPS KISS（1）　唇キス（1）

[意味]　愛情.
[動作]　唇と唇を合わせる.
[背景]　人間の性的な行為である口へのキスは，母親の口から幼児の口へ食べ物を運んだ古くからの動作に由来する．口から口へ食べ物を与えることは，昔は普通の離乳のプロセスであり，今でもある部族では行なわれている．唇のふれあいが愛情のある世話として忘れられないものになり，やがては，一連の大人の性行為に組み込まれていったのである．口へのキスは西欧社会に限定されるとの指摘もあるが，これは誤りで，世界中のあらゆる文化で見出されてきた．使われていない社会があると誤って考えられているのは，公の場所でそれが許されているとは限らないからである．たとえば，ある東洋の文化では，公の場所でのキスは今日でも不作法と考えられ，寝室における愛情表現のみに厳しく限定されている．対照的に西欧では，長いキスが主要都市の通りでしばしば見られる．唇を閉じて接触するだけの場合もあるが，表現が激しい場合は，舌で口の内側に触れることもある．とくにこの点は，昔の食べ物を口から口へ渡す行為を明確にまねている．
[地域]　世界各地.

440　LIPS KISS（2）　唇キス（2）

[意味]　彼女はセクシーだ！
[動作]　魅力的な女性のいる方に向けて，キスするまねをする．
[背景]　遠距離からの空中を越えて送られるキスである．英語圏では，ヨーロッパ大陸で使われる「指先キス（1）」（⇨ 194）で代用することが多い．
[地域]　イギリス諸島で最も一般的．今は広範囲に普及.

441 LIPS LICK 唇嘗(な)め

(意味) キスして.
(動作) 口をわずかに開けて舌を少し突き出し,口の端からもう一方の端へゆっくり動かす.
(背景) 通常,十代の男の子から女の子への誘いである.
(地域) 南北アメリカ.

442 LIPS POINT 唇指し

(意味) 方向指示.
(動作) 唇をある特定の方向に向けて,しばらくの間突き出す.同じ方向へわずかに頭を向けることで,強調する.
(背景) この指示のしかたは,両手がふさがっているか,指や手で指し示すことが不作法と考えられている社会で使われる.
(地域) フィリピン,中南米の一部,アフリカ部族,アメリカインディアン.

443 LIPS SEAL 唇封印

(意味) 口をきくな!
(動作) 人さし指と親指で,両唇をしっかりと閉じる.
(背景) 「黙っていろ」「秘密にしておけ」といった要求.かなり攻撃的に,「静かにさせるために唇を縫い合わせるぞ」といった無言の脅迫を伴うこともある.
(地域) 南イタリア.

444　LIPS TOUCH　唇触れ

(意味)　静かに！
(動作)　人さし指をしばらく唇にあてる.
(背景)　象徴的に，指で言葉の出どころを封じる.
(地域)　広範囲に普及.

445　LIPS ZIP　唇締め

(意味)　秘密を守れ.
(動作)　ファスナーを締めるかのように，立てた親指をすばやく口の端から端へ動かす.
(背景)　前項の人さし指を唇に押しつけるジェスチャーは，「その音を止めろ」といった物理的な沈黙の要求であることが多いが，このジェスチャーは意味が異なる．この親指の動きは現在より未来，つまりこの先黙っていてという要求で，「私は何も言わない」か「何も言わないで」のいずれかの合図となる.
(地域)　アメリカ大陸全体.

446　LITTLE-FINGER ERECT（1）　小指立て（1）

(意味)　悪い.
(動作)　片手を上げ，小指だけを立てて他の指は親指で押さえる.
(背景)　よいことを意味する親指立てと対照的に，小指が使われる.
(地域)　バリ.

447 LITTLE-FINGER ERECT(2) 小指立て(2)

意味 小さな陰茎.
動作 前項参照.
背景 小指は陰茎を象徴する．五指の中で最も小さな小指を陰茎と見立てることから，明白な侮辱として機能する．
地域 広範囲に普及．地中海地域で最も一般的．

448 LITTLE-FINGER ERECT(3) 小指立て(3)

意味 痩せている．
動作 前項参照．
背景 小指の小さいサイズは，細さを象徴している．誰かが病的にほっそりしているか，少女が魅力的でなく痩せこけているような場合の「細さ」を表わす．
地域 ヨーロッパと南アメリカの一部．

449 LITTLE-FINGER ERECT(4) 小指立て(4)

意味 女．
動作 前項参照．
背景 小指は細いので女性を象徴し，それとは対照的に太い親指は男性を表わす．女友達，愛人，妻のいずれにかかわらず，男性側から「女性の相手」を指すのに使われる．
地域 日本．

450 LITTLE-FINGER ERECT（5） 小指立て（5）

(意味) あなたの秘密を知っている．
(動作) 小指を耳の近くにもっていき，聞いているかのように頭を少し傾ける．
(背景) A little bird told me.「小鳥が私に知らせた」という句に要約されるジェスチャー．「私に知らせたのは，小指だ」という意味でも知られており，立てた指は，耳の近くにとまって秘密をささやく小さな鳥を象徴している．
(地域) ヨーロッパ，とくにフランス．

451 LITTLE-FINGERS HOOK（1） 小指掛け（1）

(意味) 彼はずるい！
(動作) 小指を掛け合う．
(背景) 誰かにコネがあることを示す．
(地域) イタリア，とくにナポリ地域．

452 LITTLE-FINGERS HOOK（2） 小指掛け（2）

(意味) 友情．
(動作) 小指を掛け合う．
(背景) 小指を掛けることは，友情の絆の象徴で，子供たちが使うことが多い．小指の代わりに人さし指を使うこともある．
(地域) 広範囲に普及しているが，アラブの子供たちの間でよく使われる．

453 LITTLE-FINGERS SAW　小指鋸(のこぎり)

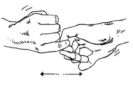

(意味)　彼らは敵だ．
(動作)　小指を掛け，鋸を引くように腕を前後に動かす．
(背景)　「友情」を表わす型の変形で，手は，真剣な論争でお互いに引かない二人の友人を象徴する．
(地域)　中東．

454 LITTLE-FINGERS UNHOOK　小指外し

(意味)　我々は敵だ．
(動作)　掛けた小指を引き離す．
(背景)　友情の終わりを示すジェスチャーで，アラブの子供たちによって使われることが多い．小指の代わりに人さし指を使うこともある．
(地域)　アラブ文化圏．

455 MIDDLE-FINGER BEND　中指曲げ

(意味)　侮辱．
(動作)　片手の人さし指で，もう一方の手の中指を反らせる．
(背景)　「猫のしっぽの下を見る」といわれるジェスチャーである．
(地域)　ロシア．

456　MIDDLE-FINGER DOWN-PROD　中指下突き

(意味) 性的侮辱.
(動作) 手のひらを下向きにして片手を伸ばす. 中指だけ下方に曲げて, その他の指はまっすぐ伸ばす. この手の形で, 数回片手を下向きに押す.
(背景) 中指が, 突き出した陰茎を象徴する男根ジェスチャー.
(地域) アラブ文化圏.

457　MIDDLE-FINGER ERECT　中指立て

(意味) 性的侮辱.
(動作) 手のひらを上に向け, すべての指を伸ばしたのち, 中指だけ立てる.
(背景) 前述のように中指は陰茎を象徴するが, この場合は突き出す動きはない. 指を曲げることは, 性的興奮の間に起こる勃起の瞬間をまねている.
(地域) エジプト.

458　MIDDLE-FINGER FLICKER　中指ちらつき

(意味) 君は蛇の舌を持っている.
(動作) 中指だけを伸ばし, 上下にちらちら揺らす.
(背景) 蛇のように舌をちらつかせてしゃべり続けている人がいる, という意味.
(地域) パンジャブ地方.

459 MIDDLE-FINGER JERK (1) 中指突き (1)

(意味) 性的侮辱.
(動作) まっすぐ伸ばした中指で上を突く.
(背景) よく知られたジェスチャーで，中指は勃起した陰茎を象徴し，丸めた他の指は睾丸を表わす．最も古くから知られた性的侮辱を表わすジェスチャーの一つ．古代ローマでよく使われ，それについての言及が古典作家の作品にも見られる．中指が「みだらな指」として知られるようになり，スキャンダラスな皇帝カリグラが家来を憤慨させる意図的な方法として，自分の中指にキスさせたといわれている.

(地域) 広範囲に普及．とくにアメリカ合衆国では一般的で，the finger として知られている.

460 MIDDLE-FINGER JERK (2) 中指突き (2)

(意味) 前項参照.
(動作) この形では，上に突き出さない．もう一方の平手に突き下ろす瞬間に，こぶしから中指を伸ばす.
(背景) この特別な形は，陰茎の象徴を突き下ろすときに音を加えることで，男根が強制的に入ることを示す．つまり，強姦や暴力的な性交を表わす.
(地域) レバノン，シリア.

461 MIDDLE-FINGER JERK (3) 中指突き (3)

(意味) 前項参照.
(動作) 上腕を上に上げるときに，中指を突き出す．腕を曲げた部分に，もう片方の手をピシャリと下ろすことで，上への突き上げの動きを誇張す

る.

- 背景 これは一般的な「前腕上げ(1)」(⇨ 225)と「中指突き(1)」(⇨ 459)が組み合わさった形で,二重に侮辱的なジェスチャーである.
- 地域 地中海のカトリック地域,すなわちスペイン,ポルトガル,イタリア.

---

462 MIDDLE-FINGER PRESS　中指押し

- 意味 脅迫.
- 動作 中指を親指で押さえ,他の指はまっすぐ伸ばす.この恰好で,叩き切るように手を下向きに振る.脅威を与える相手に向かって行なわれる.
- 背景 「手切り(3)」(⇨ 303)に大変似ているが,異なる点は,人さし指ではなく中指を使っている点である.友好的なアメリカのOKサインは,これとよく混同されることで知られる.
- 地域 サウジアラビア.

---

463 MIDDLE-FINGER SUCK　中指吸い

- 意味 性的侮辱.
- 動作 伸ばした中指をすぼめた口に入れ,次に引き出し,まっすぐ立てる.
- 背景 家族内での女性たちの性的行為についての猥褻な論評.中指は陰茎を象徴している.
- 地域 サウジアラビア.

464　MIDDLE-FINGERS PRESS　中指合わせ

(意味)　彼女と寝たことがある．
(動作)　中指以外のすべての指を曲げた状態で，両手の手のひら側を合わせる．中指は伸ばして，指の先を合わせる．
(背景)　中指は，二人の身体の性的接触を象徴する．動作者が一緒に寝たという女性に向けて行なう．このジェスチャーには二重の意味があり，両手の恰好は女性器を象っているとも考えられる．
(地域)　サウジアラビア．

465　MOUSTACHE TWIDDLE　口ひげねじり

(意味)　彼女は美しい！
(動作)　ワックスできれいにした口ひげの端をねじる行為を，手でまねる．
(背景)　口ひげのスタイルをより長く残すことに貢献してきた，名残りジェスチャー．男性が口ひげをたくわえ，先を上向きに尖らせていた時代には，恋愛遊戯のためにワックスを塗って口ひげを整えた．今日，きれいにひげが剃られていても，可愛い女の子が通り過ぎるのを見て，「彼女に言い寄る準備をしなくては」と仲間に言うとき，この動作をまねる．
(地域)　イタリア，とくにナポリ．ギリシャ．

466　MOUTH CLASP　口留め

(意味)　あんなことを言うべきではなかった！
(動作)　片手を急にもち上げて口を覆う．
(背景)　これ以上言葉が発せられないように，象徴的に止めている．

地域　広範囲に普及．とくにヨーロッパとアメリカ大陸で一般的．

467　MOUTH FAN　口扇(おうぎ)

意味　口が熱い！
動作　開いた口の前で，片手であおぐ．
背景　片手は口を冷ます行為をまねている．手であおいでも何も効果はないが，相手に料理や飲み物がとても熱いか辛いということを示す．
地域　広範囲に普及．

468　MOUTH FIST　口こぶし

意味　喉が乾いている．
動作　こぶしの親指側を，唇につける．
背景　首の細い瓶を手で握り，飲む動作をまねている．より一般的に見られる「手飲み」(⇨ 309) ジェスチャーの特定地域版．
地域　サウジアラビア．

469　MOUTH SALAAM　額手礼(ぬかてで)（口型）

意味　尊敬．
動作　右手の親指と人さし指と中指の先で，口に軽く触れ，次に，わずかに前方上方へ振りかざす．その間，頭は下げている．

背景　正式なアラブの額手礼の，最も簡略化された形．完全な形では，お辞儀をしている間に，片手をまず胸にあて，次に口にあて，最後に額にあてる．これら三つの動作は「私の心，私の魂，私の知力を捧げる」というメッセージを象徴している．あまり西欧化されていな

いアラブ社会では，額手礼が握手の代わりになる．

[地域] アラブ文化圏.

---

470 MOUTH SHRUG 口すくめ

[意味] 否認.

[動作] 口の両端を，下方にできるだけ引く.

[背景] 眉を上げる，肩を上げる，両手の手のひらを
広げるといった，肩すくめの構成要素の一部. 相手が近くにいるときは，
この口の部分だけで完全な「両肩すくめ」（⇨ 570）と同じメッセージを
伝えることができる. メッセージは「私は知らない」「私には何も関係
ない」「私には分からない」となる.

[地域] 西欧社会. 最も強い表情はフランスで使われる.

---

471 MOUTH SMILE 微笑み

[意味] 喜び.

[動作] 口の両端を後方に引くと同時に，上に上げる.

[背景] 微笑みは人類に独特のもので，幼児期に生じ
る. サルやゴリラの赤ちゃんは母親の毛にぴった
りしがみつくことができるが，人間の子は自分の手足で母親にしがみつ
くことができない. 母親に近くにいたいと思わせるには何かを必要とし，
それが微笑むことだったのである. 進化論的には，両唇を後方に引く顔
の表情はすべて恐れの表情と考えられ，微笑みもこれに入るのだが，こ
の特別な表情は，「私は怖い」から「私は攻撃的ではない」「私は友好的だ」
へとわずかずつ変化していったのである. その過程で友好的な顔と怖
がっている顔が混同されないように，その形も少し修正され，後方に引
いたときに口の端を上に上げる動きが加わった. 今日，もし何らかの理
由で元の恐怖の表情に戻るなら，口の両端を十分に引き上げることが難
しくなり，その結果冷淡な神経質な微笑みとなる.

[地域] 世界各地.

472　MOUTH-AND-FOREHEAD SALAAM
額手礼（口・額型）

(意味)　尊敬．
(動作)　右手の親指，人さし指，中指の先を，しばらくの間唇につけ，次にその手を額にもっていく．その間，頭は下げている．最後は，前方上方に手をかざす．
(背景)　アラブの額手礼の完全な形を，少し簡略化したもの．完全な形ではまず胸に触れ，次に口，額と続く．この簡略化された形では，はじめの胸部に手をもっていく部分が省略されている．しばしば Salaam alaykum．「ご無事を祈ります」という言葉を伴う．
(地域)　アラブ文化圏．

473　NAIL BITE　爪噛み

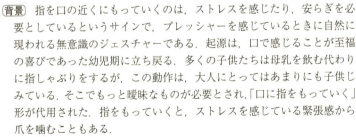

(意味)　心配だ．
(動作)　爪を噛むか，爪が噛めるようなところに手をもっていく．
(背景)　指を口の近くにもっていくのは，ストレスを感じたり，安らぎを必要としているというサインで，プレッシャーを感じているときに自然に現われる無意識のジェスチャーである．起源は，口で感じることが至福の喜びであった幼児期に立ち戻る．多くの子供たちは母乳を飲む代わりに指しゃぶりをするが，この動作は，大人にとってはあまりにも子供じみている．そこでもっと曖昧なものが必要とされ，「口に指をもっていく」形が代用された．指をもっていくと，ストレスを感じている緊張感から爪を噛むこともある．
(地域)　広範囲に普及．

474 NECK CLAMP　首締め

(意味)　私は怒っている.
(動作)　片手を突如振り上げ, 首のつけ根をぎゅっと締めつける.
(背景)　この無意識の動作は, 急に込み上げてきた怒りを抑えた形. 相手が気にさわるような意見を言うと, 相手の頭を叩きたいという強い衝動が起こる. 腕を振り上げて殴ることは, 人間の原始時代からの攻撃的行動であり, 敵意に満ちた意見によって無意識に誘発される. しかし, 社会的制約がこの原始的なやり方を妨げ, 我々はそうしないように努めるが, 完全というわけにはいかない. そこで, 強く振り下ろすかのように腕をすばやく上げるが, 何とか抑制しようと, 片手でうなじを締めつけたり, 髪を触ったりして, 殴りたい気持ちを隠す. これらは, 本人も気づかぬ一瞬の間に行なわれる. 相手の方も自分の意見で頭が一杯でいらいらしていると, こちらを怒らせたというわずかながら決定的な手がかりを見逃すことになる.
(地域)　世界各地.

475 NECK CLASP　首握り

(意味)　何という災難だ!
(動作)　片手で耳の後ろのあたりの首を握りしめる.
(背景)　自分を慰めるための動作. 行為者は自分自身を慰めて抱きしめるように, 耳の後ろを握りしめる.
(地域)　ユダヤ人社会.

476 NECK FLICK　首はじき

(意味)　一緒に飲もう.
(動作)　人さし指で相手の首を軽く叩く.

174

(背景) よく知られているジェスチャーで，親しい友人同士でのみ使われる．見知らぬ人が使った場合は，不作法とみなされる．
(地域) ポーランド．

477　NECK KISS　首キス

(意味) 愛している．
(動作) 相手の首に優しくキスする．
(背景) さまざまな状況におけるあらゆるキスの中でも，首へのキスは本来恋人同士のものである．首の肌は感じやすいという理由と，公の顔へのキスから私的な身体へのキスの移行の始まりであるという理由から，口と口のキスよりさらに親密であると考えられている．
(地域) ヨーロッパが起源であるが，今は広く普及している．

478　NECK RUB　首撫で

(意味) 性的関心．
(動作) 片手で首の後ろを撫でる．
(背景) 魅力的な女性を見かけた男性がする動作で，彼女に会いたいという気持ちを示す．
(地域) レバノン．

479　NECK SCRATCH　首掻き

(意味) 半信半疑．
(動作) 耳のすぐ下の首の横の部分を，人さし指で数回掻く．
(背景) 自分でも不確かであったり，相手の発言に疑いを抱いているのだが，そうは言いたくないときに無意識に使う．
(地域) 広範囲に普及．

480　NECK TAP　首叩き

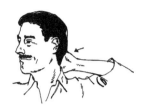

(意味)　同性愛者.
(動作)　首の後ろを片手で軽く叩く.
(地域)　レバノン.

481　NOSE BITE　鼻噛み

(意味)　性的興奮.
(動作)　前戯として相手の鼻を優しく噛む.
(背景)　性交前のエロティックな動作. はじめは抱擁して鼻をすり寄せ, 次第に顔の特定の場所, とくに鼻をお互いの歯で噛むようにする.
(地域)　トロブリアンド諸島（パプアニューギニア）.

482　NOSE BRUSH　鼻かすり

(意味)　我々はうまくいっていない.
(動作)　人さし指で鼻の脇をかするようにする.
(背景)　鼻をかするようにするのは, 動作者が誰かとよい関係にないことを示している.
(地域)　ギリシャ.

483　NOSE CIRCLE(1)　鼻輪(1)

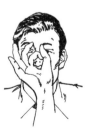

(意味)　同性愛者.
(動作)　片手を鼻にもっていき, 輪にした指で鼻の先を取り囲む. 輪を時計回りとその逆に回転させ, 鼻が輪の中に深く入るようにする.
(背景)　鼻を陰茎, 手を肛門とする象徴的なジェスチャー. 北アメリカのジェ

スチャーで同性愛者を意味し，通常，猥褻な侮辱として使われる．
[地域] 北アメリカ．

484 NOSE CIRCLE(2) 鼻輪(2)

[意味] 君はごますりだ．
[動作] 前項参照．
[背景] ここでは象徴されていることがわずかに異なる．手は同様に肛門を表わすが，鼻は陰茎ではなく鼻そのものを表わす．Brown-Nosing として知られるこのジェスチャーは，人が有力者に隷属的にこびへつらっていることを意味し，風刺的に支配者の肛門に鼻を押しつけていることを表わしている．
[地域] 北アメリカ．

485 NOSE CLASP-RUB 鼻こすり

[意味] 賢い．
[動作] 鼻を片手の親指と人さし指の先で軽くつまみ，数回上下させて鼻をこする．
[背景] 学究的な人がひとしきり猛勉強をした後で，眼鏡をはずして鼻をこする動作をまねたもの．
[地域] イタリア．

486 NOSE DRILL 鼻ドリル

[意味] やれるものならやってみろ！
[動作] 穴を開けるように，人さし指を鼻の横でねじる．
[背景] 「私の鼻に穴を開けて雄牛のように輪をつけることはできても，私を従わせることはできない．お前がどう言おうが，私はしたいことを続ける」という意味．

177

(地域) ギリシャ．

487　NOSE FAN　鼻扇(おうぎ)

(意味) 嫌な匂い！
(動作) 嫌な匂いを鼻からあおぎ出すように，水平にした人さし指を鼻孔の下で上下に動かす．
(背景) あおぐという様式化された形は，実際にも，比喩的にも，何かが悪臭を放っていることを示すのに使われる．
(地域) 南アメリカ．

488　NOSE FLARE　鼻広げ

(意味) 怒り．
(動作) 鼻のいずれかの側の筋肉の収縮により，鼻孔が広がる．これは通常，息を一気に吸い込むときに起こる．
(背景) 突然憤慨したり激高したときに見られる表情で，人間社会に共通な，無意識のジェスチャーである．
(地域) 世界各地．

489　NOSE FLICK　鼻はじき

(意味) 同性愛者．
(動作) 右手の人さし指を伸ばし，鼻の先を軽くはじく．
(背景) この動作を向けられた人が，同性愛者であるということを示す．起源もメッセージも，おそらく「耳はじき(2)」(⇨ 114)と同じである．「耳はじき」は「女のように耳飾りをすれば」となり，「鼻はじき」は伝統的に女性が鼻飾りをする国々で見られる．
(地域) シリア，レバノン．

490 NOSE HOLD 鼻押さえ

(意味) 悪い！
(動作) 親指と人さし指で、鼻孔をしっかりはさむ．
(背景) 意図的に行なう象徴ジェスチャーで、何かが悪いとか失敗だということを表わす．悪臭がするから鼻孔をその匂いから保護しなくてはという考えに基づく．この一般的なジェスチャーをより精巧にしたイギリス版は、右手で鼻を押さえ、左手で想像上のトイレのチェーンを引っ張る．
(地域) 広範囲に普及．

491 NOSE HOOK 鼻鉤(かぎ)

(意味) 公然たる反抗．
(動作) 右手の人さし指を鼻に引っかけ、他の指は握る．
(背景) 服従拒否のジェスチャーで、「君がどんなに反対しても実行する」というメッセージを伝える．
(地域) サウジアラビア．

492 NOSE KISS 鼻キス

(意味) 悪かった．
(動作) 相手の鼻先に、唇でキスする．
(背景) けんかの後で見られ、片方が相手に謝りたいときに行なう．
(地域) サウジアラビア．

493 NOSE LIFT　鼻上げ

(意味)　簡単さ！
(動作)　人さし指と中指で鼻孔を上に押し上げる．
(背景)　あまりに易しいから，指で鼻を押し上げていても
やれるという考えに基づく．
(地域)　フランス．

494 NOSE PICK　鼻ほじくり

(意味)　侮辱．
(動作)　指を片方の鼻孔に入れ，内側をそうじする．
(背景)　公の場で行なうことは，社会的にちょっとした
タブーであるため，逆に侮辱として故意に使う地
域もある．アラブ文化圏の一部では一般的で，次のように様式化されて
使われている．すなわち，右手の人さし指と親指を同時に鼻孔に入れ，
侮辱する相手に向け「失せろ」という暗黙のメッセージを込めてはじき
飛ばす．
(地域)　リビア，シリア．

495 NOSE PINCH　鼻つまみ

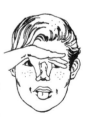

(意味)　むかつく！
(動作)　鼻を指でつまみ，口を開けて舌を出す．吐く音を
口まねすることもある．
(背景)　嘔吐をまねることで，相手の動作や外見，意見に
対する嫌悪感を示す．
(地域)　西欧社会で一般的．とくに子供たちの間で使われる．

496　NOSE POINT　鼻指し

(意味)　私.
(動作)　人さし指で鼻先を直接指す.
(背景)　西欧では，普通話し手が自分を指し示すときは，胸部を指す．東洋では，代わりに鼻を指すのであろう.
(地域)　日本.

497　NOSE PULL　鼻引き

(意味)　お前を罰するよ.
(動作)　親指と人さし指で鼻をしっかりつかみ，誰かがぐいと強く引っ張るように，前方に引く.
(背景)　体罰の脅迫として使われる模倣ジェスチャー.
(地域)　南アメリカ.

498　NOSE PUSH(1)　鼻押し(1)

(意味)　攻撃するという脅迫.
(動作)　右手の人さし指で，鼻先を押しつぶし平らにする.
(背景)　このアラブのジェスチャーは，脅迫を心に留めて言うことをきかないと，殴り倒されて鼻がぺしゃんこになるぞと明言している.
(地域)　サウジアラビア.

499 NOSE PUSH(2) 鼻押し(2)

(意味) 人種差別的侮辱.
(動作) 前項参照.
(背景) 異なる状況では, 同じジェスチャーが, アラブ人による黒人への人種差別的侮辱として使われる. ぺしゃんこにつぶした鼻は, 長く高いアラブ人の鼻と, 平らで広い黒人の鼻の明らかな違いを強調している.
(地域) サウジアラビア.

500 NOSE ROCK 鼻揺すり

(意味) 友情.
(動作) 片手の甲を鼻に押しつけ, 頭を上下に揺り動かす.
(背景) 「鼻こすり(1)」(⇨ 501)のまねで, 片手は友人の頭部を表わす.
(地域) サウジアラビア.

501 NOSE RUB(1) 鼻こすり(1)

(意味) 友情を込めた歓迎.
(動作) 鼻の先を相手の身体につける, 様式化された挨拶の形. 通常鼻先と鼻先をつけて挨拶するが, 相手の頬や頭に押しつける変形もある. 愛情を表わすが, 公式な場では, 尊敬を含んだ友情を示す. 親密な場合にはお互いの鼻をこすり合うため,「鼻こすり挨拶」として広く知られている. 公式な場では, 軽く鼻先に触れるという形に省略される.
(背景) 現代の挨拶としては, 頬へのキスや抱擁, 握手に比べると稀であるが, 今でも使われている文化もある. 起源としては, 戻ってきた相手の

身体の匂いを嗅ぐ習慣があった時代に遡る．今日我々は常に意識しているわけではないが，愛する人や親しい相手を個々の身体の匂いで識別することができる．母親と赤ん坊はこのような方法で，生まれて数日以内にお互いを確認するのだ．相手の匂いを嗅いで挨拶することは，相手を確認するだけでなく，離れていた間に起こった匂いの変化を見つけるためにもなされる．最近の知見では，我々の個人的な芳香への反応は鼻の内部の小さな腔に集中しており，特別な匂い発見器として働くという．我々は発見した匂いに気づいてはいないが，それらの匂いを記録し覚えているのである．

(地域) ニュージーランドのマオリ族，フィンランドのサーミ（ラップ）族，北アフリカとアラビアのベドウィン族．また，マレー人，ポリネシア人，メラネシア人，エスキモー人も行なう．また，sn という言葉が「キス」と「匂い」の両方を意味していることから，古代エジプトでも使われていたといわれているが，証拠としては不十分である．

502 NOSE RUB(2) 鼻こすり(2)

(意味) 女性への性的誘い．
(動作) 人さし指で，鼻柱をこする．
(地域) ヨルダン．

503 NOSE SCREW(1) 鼻ひねり(1)

(意味) 酔っ払い．
(動作) 親指と人さし指で鼻を取り囲む輪を作り，その手を回転させる．
(背景) フランス人のジェスチャーで，絶望して酔いつぶれていることを表わす．「鼻輪」（⇨ 483, 484）と混同しないように．
(地域) フランス．

504 NOSE SCREW(2) 鼻ひねり(2)

(意味) 気にするな！
(動作) 前項参照．
(背景) 鼻を拭くことは通常単にきれいにしたり，心地よくする動作であるが，特別な合図として使われる地域もあり，「たいしたことではない」「重要ではない」というメッセージを伝える．まず片手で鼻をひねるようにし，次に拭きとる動作と鼻をかむ音を立てる．鼻汁と同様に，問題も出してすっきりさせることを示す．
(地域) 東アフリカ．

505 NOSE SNIFF 鼻すすり

(意味) コカイン．
(動作) 横にした人さし指の甲側を鼻孔に触れるようにもち上げ，鼻の下に触れたまま横に拭くようにする．鼻をすする大きな音も立てる．
(背景) コカインを吸うときの動作をまねた模倣ジェスチャー．コカインが欲しい，あるいは所持しているということを表わす．
(地域) ペルー．

506 NOSE SNUB 鼻突き

(意味) 結構だ，関わりたくないね．
(動作) 人さし指の先で，鼻を上に押す．
(背景) 軽蔑的に拒否するときに使う．気取った優越感を表わす，わざとらしい「高慢ちきな姿勢」に由来する．
(地域) 中央・東ヨーロッパ．

507　NOSE STROKE(1)　鼻撫で(1)

(意味)　私は無一文だ.
(動作)　伸ばした人さし指と中指で, 鼻柱から鼻先まで縦に鼻を撫で下ろす.
(背景)　お金を持っていないことを表わし, その事実を述べるか, 助けを求めるかのどちらかとして使われる.
(地域)　ポルトガル, スペイン.

508　NOSE STROKE(2)　鼻撫で(2)

(意味)　彼はけちだ.
(動作)　伸ばした人さし指で, 鼻柱から鼻先まで縦に鼻を撫で下ろす.
(背景)　誰かがけちな人だと思われるときに使う. 前項の「鼻撫で(1)」に関連していると考えられ, 15～16世紀にスペイン人がオランダに駐留した時代に遡るのではないか.
(地域)　オランダ.

509　NOSE TAP(1)　鼻叩き(1)

(意味)　共謀.
(動作)　人さし指を縦にして, 鼻の脇を数回軽く叩く.
(背景)　よく知られているこの合図は,「何か嗅ぎつけた」ことを示すことが多い. メッセージは「警戒」に類するが, 精密な意味は地域によって異なる. その一つは,「あなたと私の間には秘密があり, 他の人が嗅ぎつけようとしているから守らなければ」となる.
(地域)　英語圏とイタリア語圏の地域.

510 NOSE TAP（2） 鼻叩き（2）

(意味) 警戒せよ！

(動作) 前項参照.

(背景) もう一つの意味は，誰かが嗅ぎつけようとしているから，彼らの存在を警戒しなくてはならないというもの．この友情からの忠告は，共有する秘密がないという点においてのみ，前項の共謀の形と異なる.

(地域) イタリア.

---

511 NOSE TAP（3） 鼻叩き（3）

(意味) 干渉するな！

(動作) 前項参照.

(背景) これは仕事に干渉してくる人への直接的な非難である．メッセージは「余計な口出しをするな」となる.

(地域) イギリス諸島，とくにウェールズで一般的.

---

512 NOSE TAP（4） 鼻叩き（4）

(意味) 用心している！

(動作) 前項参照.

(背景) メッセージは「何が起こっているか分かっている．嗅ぎ分けられるさ」となる.

(地域) 多くの地域で見られるが，最も一般的に使われているのは，ベルギーのフラマン語を話す地域.

---

513 NOSE TAP（5） 鼻叩き（5）

(意味) 彼は賢い！

(動作) 前項参照.

|背景| 誰かが真実を嗅ぎつけるのがうまいことを表わす.
|地域| 主として南イタリア.

514　NOSE TAP（6）　鼻叩き（6）

|意味| 脅迫.

|動作| 前項参照.

|背景| 少数派ではあるが普及している. 脅しを表わし,「私は君がしようとしていることを嗅ぎつけている. もしやめないなら, 攻撃する用意がある」となる.

|地域| 広範囲に普及.

　これら六つの「鼻叩き」の意味は密接に関連している. しかし, それらの存在は, 地域の伝統ができあがっていくように, 単純なジェスチャーが異なる地域で徐々にその意味を変化させはじめる過程を示している.

515　NOSE THUMB（1）　ONE-HANDED
　　鼻親指（1）　片手型

|意味| 嘲り.

|動作| 親指の先を鼻につけ, 手を縦にして指を扇のように広げる. 指は立てたままにするか, 前後に揺らす.

|背景| 少なくとも500年前からある古代のジェスチャーで, ヨーロッパやアメリカ大陸, その他の多くの地域で知られている. どこででも理解される基本的メッセージは「嘲り」であるが, その起源は確かではない. 変形した挨拶, 奇怪な鼻, 男根を示す鼻, 鼻水を飛ばす脅し, 攻撃的な鶏のとさか, などと解釈されてきた. 歴史が長いので, 他のジェスチャーより多くの名称をもつ. すなわち, to thumb the nose（鼻に親指をつける）, to make a nose（鼻を作る）, to cock a snook（長鼻を突き出す）, to pull a snook（長鼻を引っぱる）, to cut a snooks（鼻で切り裂く）, to make a long nose（長い鼻を作る）,

187

taking a sight（観測する），taking a double sight（六分儀を二つ使って観測する），the Shanghai gesture（シャンハイ風のジェスチャー），Queen Anne's fan（アン女王の扇），the Japanese fan（日本の扇），the Spanish fan（スペインの扇），to pull bacon（まぬけな顔をする），coffee-milling（コーヒー豆をひく），to take a grinder（ひきうすを回す），the-finger salute（五本指の敬礼）など．フランスでは pied de nez（バカ鼻），un pan de nez（鼻の上についたひらひら），le nez long（長い鼻），イタリアでは Marameo, Maramau.（ヤーイ，ヤーイ），palmo di naso（たいへん長い鼻），tanto di naso（そんなに長い鼻），naso lungo（長鼻），ドイツでは, die lange Nase（長鼻），Atsch! Atsch!（ヤーイ，ヤーイ）．

(地域) 広範囲に普及．

---

516 NOSE THUMB(2) TWO-HANDED　鼻親指(2) 両手型

(意味) 嘲り．
(動作) 前項と同様であるが，もう一方の手を加えて，扇を二つ作る．
(背景) この両手型は，片手型と同様の歴史をもつ．メッセージをより強調したいときに使う．
(地域) 広範囲に普及．

---

517 NOSE TIP-TOUCH　鼻先触り

(意味) 約束する．
(動作) 伸ばした右手の人さし指の先を，鼻の先につける．この動作をしながら，「私の鼻にかけて」と言う．
(背景) アラブのジェスチャーで，何かをすることについての厳粛な約束を示す．起源は，誓いを立てるときに生殖器に触れるという古代の習慣に関連している．この場合，鼻は陰茎の象徴的な代用として使われている．
(地域) リビア，サウジアラビア，シリア．

518　NOSE TOUCH　鼻触り

(意味)　(無意識に) 私は何かを隠している.

(動作)　会話の間に, 片手を鼻の方にもってくるのだが, 正確な触れ方は場合により異なる. 鼻の横にこぶしを押し当てたり, 指の先で鼻を撫でたりすることもあれば, 指の甲側でこすったり, 一瞬押さえるようにする場合もある.

(背景)　言葉を交わしている間に無意識に鼻に触れることは, ごまかしを表わす. 本人は気づいていないので, 本音を探るのに価値ある手がかりとなる. 無意識の鼻触りがなぜ嘘をつくことと結びつくかは明らかではないが, 恐らく, ごまかした瞬間に片手が嘘を隠すように何気なく口を覆い, それから鼻へと動くのであろう. 口を覆うのは, 子供が嘘をつくときのようで余りにもあからさまだという, 無意識の気持ちから, 最後に口から鼻へ手をもっていくのではないだろうか. かゆいから鼻を掻いているように見せるのは, 口を覆うのをごまかすためと考えられるが, 嘘をつくと本当に鼻がむずむずしたり, 掻きたくなったりするという人もいる. ごまかすというストレスの結果, 鼻の組織に生理的な変化が起きて, この動作が行なわれるのかもしれない. 気をつけなくてはならないのは, 何気ない鼻触りがすべて嘘を示しているわけではないということである. 嘘をつこうと考えていても, 最終的には真実を言う場合もある. 無意識の鼻触りのすべての場合に共通なのは, 外見的には冷静に見えても, 直面した状況に感情的に反応しているということである. つまり, 相手からの難しい質問に対して, 嘘をつくか思いきって真実を言うかという内面の葛藤を示しているのである.

(地域)　世界各地.

519　NOSE TRIPLE-TOUCH　鼻三回触り

(意味)　友好的歓迎.

(動作)　挨拶として二人の男性が鼻先を合わせ, 三回続けてすばやく触れ合う.

(背景) 通常の「鼻こすり(1)」(⇨ 501)の挨拶の様式化された形で、遊牧民のベドウィン族の男性の間で使われる。三回触れた後は、音を立ててキスをする。
(地域) サウジアラビア.

520 NOSE TWIST　鼻ねじり

(意味) 不賛成.
(動作) 鼻を少しの間一方にねじるようにする.
(背景) この小さな動きは、信じられないことや、気に入らないことを、見たり聞いたりしたときに起きる。起源としては、不快な匂いから鼻を象徴的に遠ざけるところからきているが、「鼻しわ寄せ」(⇨ 526)よりは意味が弱い.
(地域) 世界各地.

521 NOSE UP　鼻上げ

(意味) 優越.
(動作) 頭を後方に傾け、鼻を上に向ける.
(背景) 優越、挑戦、侮辱を示す。地位の高さを一時的に強調したいときのジェスチャーで、身体の部分を高くして象徴的に表わす。何らかの理由で自分の優越性が十分に認識されておらず、少し強調する必要があるときに用いる。鼻を上に向けることは、従属的、つまり内気に下を向くのと反対の効果を生み出す。人とのやりとりの中で無意識に使われることが普通で、次の三つの一般的な表現の基になっている。すなわち nose-in-the-air「高慢ちきな姿勢で」, turning up one's nose「軽蔑する」, looking down your nose「見下す」。また「上流気取りの」を意味する stuck-up という用語の起源でもある。これらの表現の存在が示すように、わざとらしく意図的に使われることもある。(「顎上げ」(⇨ 89)ジェスチャーとしても挙げてある).
(地域) 世界各地.

522　NOSE V　鼻Vサイン

(意味)　猥褻な侮辱.
(動作)　片手の手のひらを顔に向け,人さし指と中指で作ったVサインを鼻の下から刺し通す.
(背景)　この象徴ジェスチャーは性的侮辱を意味し,鼻は陰茎,指のV字は膣を表わす.煙草を吸うまねをして,煙草を要求するジェスチャーと混同しないように.
(地域)　サウジアラビア,メキシコ.

523　NOSE WIGGLE　鼻動かし

(意味)　どうしたの？
(動作)　鼻を左右に小刻みに動かす.
(背景)　質問をする方法として使われる国がある.起源は,「何か変な匂いがするが,それが何だか分からない」に由来する.
(地域)　プエルトリコでは一般的.

524　NOSE WIPE　鼻拭き

(意味)　遅すぎる！
(動作)　人さし指を横にし,鼻の下にさっと触れる.
(背景)　sous le nez「すぐ鼻先で」,あるいは単にPfut!「ふん！」として知られているジェスチャー.鼻を拭くという様式化された形で,何かするのが遅すぎて,ちょうど逃してしまったようなときに使われる.
(地域)　フランス.

191

525　NOSE WOBBLE　鼻揺らし

意味　私は君を信用していない.
動作　人さし指と中指を鼻の両脇に置き, 左右に揺らす.
背景　何かが悪臭を放っているので, 自分はその悪臭を鼻孔から追い出そうとしているのだという意味.
地域　南イタリア.

526　NOSE WRINKLE　鼻しわ寄せ

意味　嫌悪感.
動作　鼻の両脇の筋肉を引き締めて, 眼と眼の間にしわを作る.
背景　不快な匂いに対する鼻の反応に基づく. 穏やかな不満から強烈な嫌悪まで, 広範囲にわたる嫌悪感を表わす.
地域　世界各地.

527　PALM CUP　手のひらカップ

意味　否認.
動作　片手を肩の高さに上げ, カップ状にへこませた手のひらを前方に向ける. 同時に両肩を少しすくめるようにする.
背景　肩すくめの特別な形で, 片手を身体の前に出す代わりに上に上げる.
地域　フランス.

528　PALM DOWN　手のひら下げ

(意味)　申し分ない．
(動作)　手のひらを下向きにした前腕を，地面と平行になるように上げ，ほとんど胸につく位置にもってくる．
(背景)　よい，おいしい，すばらしい，という意味．Es muy delicado.「とてもすばらしい」というメッセージを伝える．
(地域)　南アメリカ．

529　PALM FLIP　手のひら返し

(意味)　誓いを立てる．
(動作)　右手の手のひらを裏返して，右肩の上に上げる．同時に頭を少し後ろに引き，両目を上げる．
(地域)　リビア，レバノン，シリア．

530　PALM GRIND(1)　手のひら回し(1)

(意味)　猥褻．
(動作)　右手の甲を左手の手のひらに重ね，一定の調子で回しながらこすり合わせる．
(背景)　それぞれの手が身体を表わし，性交の際の動きを象徴する．
(地域)　レバノン．

531　PALM GRIND(2)　手のひら回し(2)

(意味)　お前はやり込められた！
(動作)　前項参照.
(地域)　スペイン.

532　PALM HIGH-SLAP　手のひら打ち合わせ

(意味)　おめでとう.
(動作)　お互いの右手の手のひらを高く上げ，強く打ち合わせる.
(背景)　通常の「握手(1)」(⇨358)では勝利の喜びを表わしきれないとの考えから，最近とくにスポーツでは，状況に合わせて，派手で見栄えのよ

いジェスチャーが使われるようになった．握手で手を握ることは，まず「手のひら叩き」(⇨543)に置き換えられた．それは，手のひらを上向きにして差し出し，相手がその上に平手で力強く打ち下ろし，それを交互にするというものだ．これはその後 high five と呼ばれる形へと進む．一方が手のひらを高く空中に上げて，Give me five.「握手をしよう」と言い，もう一方が手を合わせ，それをくり返す．最も誇張されたジェスチャーは，二人が右手を上げて同時に空中に跳び上がり，できるだけ頂点に近いところで手を叩き合う．これらのジェスチャーはアメリカン・フットボールで始まったが，他のスポーツや普通の社会生活へも広がっている．
(地域)　アメリカ合衆国．急速に広まりつつある.

533 PALM KISS 手のひらキス

(意味) 愛している.
(動作) 手のひらにキスして,相手の方に差し出す.
(背景) 「指先キス(1)」(⇨194)の変形.唇を滑らかな手のひらに押しつけることから,わずかではあるが,より親しみがこもっている.
(地域) 広範囲に普及.

534 PALM LOWER 手のひら抑え

(意味) どうぞ,抑えて.
(動作) 片手の手のひらを下向きにし,数回一定の調子で下に動かす.あるいは,両手の手のひらを同時に一緒に下げる.
(背景) 一般的なジェスチャーで,そっと抑える動作をして,何かを減らすことを要求している.状況により,暴力的な行為を沈静化させる,騒音を静かにする,高速を低速にするという意味になる.
(地域) 広範囲に普及.

535 PALM PLUCK 手のひら引き

(意味) 怠け者!
(動作) 親指と人さし指で,もう一方の手のひらの中央から,想像上の髪の毛を引き抜く.
(背景) 「彼はとても怠け者なので,髪の毛が手のひらに生えてきた」という考えに基づく.
(地域) フランス.

536 PALM POINT 手のひら指し

(意味) 疑惑.

(動作) 人さし指で，もう一方の手のひらの中心を指し示す.

(背景) メッセージは，「あなたの言ったことが真実になる前に，草が私の手のひらのここから生えてくるだろう」となる.

(地域) イスラエルと他のユダヤ人社会.

537 PALM PUNCH(1) 手のひらパンチ(1)

(意味) 怒り.

(動作) 片手のこぶしで，手のひらを数回リズミカルに叩く.

(背景) 敵を強く打つ動作をまね，それを自分の手のひらに向けた形である．怒りをかろうじて抑えている状態を示す.

(地域) 広範囲に普及.

538 PALM PUNCH(2) 手のひらパンチ(2)

(意味) 性交への誘い.

(動作) 前項と同様であるが，少し滑らかに，より早く打つ.

(背景) 特別に，性的な合図として使われる文化もある．男性の動作者が，その動作を向けている女性と寝たいという願望である．一定の調子で打つことは，性交の際の骨盤を突き出す動作をまねている.

(地域) 中東.

539 PALM PUNCH(3) 手のひらパンチ(3)

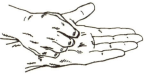

(意味) 賛成だ!
(動作) こぶしで,手のひらを一回力強く叩く.この形では,指の関節部分ではなくて,曲げた指の背の部分で打つ点が異なる.
(背景) 市場で交渉を取り決めるときのジェスチャー.
(地域) 西アフリカ.

540 PALM SCRAPE 手のひら掻き

(意味) お金.
(動作) 片手の指先で,数回手のひらを軽くこする.
(背景) お金を手にすくい入れている動作のまね.
(地域) 広範囲に普及しているが,南アメリカで最も一般的.

541 PALM SCREW 手のひらねじり

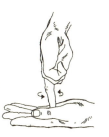

(意味) 性的侮辱.
(動作) 伸ばした右手の人さし指を,手のひらへねじ込むようにする.
(背景) 人さし指は,陰茎を象徴している.
(地域) 中東.

542 PALM SHOW 手のひら見せ

(意味) 誓う!
(動作) 右手を肩の高さまで上げて,手のひらを前方に向ける.

(背景) イスラム教徒，キリスト教徒とも，誓いを立てるときにする．
(地域) 広範囲に普及．

---

543 PALM SLAP　手のひら叩き

(意味) 祝賀．

(動作) 二人がお互いの右手の手のひらを叩き合う．一方が右手の手のひらを上にして差し出し，その上に相手が手を合わせて叩いてくるように誘う．

(背景) 一般的な「握手(1)」(⇨ 358) の代わりに挨拶として使われるが，普通は，スポーツでの勝利の瞬間や社会生活の中でポイントを稼いだときに見られる．起源は，手のひらを合わせるという「握手」の最初の要素を誇張したものだが，手を合わせて上下に振る代わりに，力強く打ち合わせる．Give me five.「握手をしよう」という言葉に続いて使われることが多い．

(地域) もともとはアメリカ人男性のジェスチャーであるが，最近，映画やテレビを通じて世界中の他の地域にも広まっている．

---

544 PALM THRUST　手のひら突き出し (片手型)

(意味) 失せろ！

(動作) 相手の顔に何かを押しつけるかのように，手のひらを相手の方に突き出す．

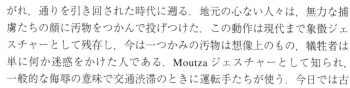

(背景) これは古代ビザンチン時代のジェスチャーで，犯罪者が鎖でつながれ，通りを引き回された時代に遡る．地元の心ない人々は，無力な捕虜たちの顔に汚物をつかんで投げつけた．この動作は現代まで象徴ジェスチャーとして残存し，今は一つかみの汚物は想像上のもの，犠牲者は単に何か迷惑をかけた人である．Moutza ジェスチャーとして知られ，一般的な侮辱の意味で交通渋滞のときに運転手たちが使う．今日では古

代の起源は完全に忘れられているが，それでも強力なメッセージは残っている．多くの古代のジェスチャーと同様に現代的解釈もあるが，それは本質的に性的なものである．今日のギリシャの解釈では，突き出された五本の指は，相手の女兄弟に対する五つの異なる性行為を表わす．このジェスチャーに馴染みのない海外からの訪問者にとっては，「後ろに下がって」という単純な手の合図が，悪意を込めた侮辱と誤解される危険性が常にある．

[地域] ギリシャ．

---

545 PALM THUMB 手のひら親指

[意味] お前が払え！
[動作] 片手の親指で，もう一方の手の手首から指先まで撫で下ろす．
[背景] メッセージは「全部払え！」で，親指は手の上に置かれたお金を表わす．
[地域] オランダ．

---

546 PALM TICKLE 手のひらくすぐり

[意味] 性交の誘い．
[動作] 握手をしたとき，男性が人さし指で，相手の手のひらをくすぐる．
[背景] ティーンエイジャーがよく使う率直な性的誘い．
[地域] 広範囲に普及．

---

547 PALM UP(1) 手のひら上げ(1)(片手型)

[意味] どうぞお恵みを．
[動作] 片手の手のひらを多少丸めて上向きにし，前に出す．普通は直接，

199

相手に向ける．
[背景] 人間の典型的な物乞いの姿勢で，人間に一番近い類人猿にも見られる．手のひらを上に向けて，相手がそこに食べ物かお金をくれるように頼んでいる．道端で物乞いをする人は，近づいてくる人に手を向けるのではなく，伸ばした手を長い間一定の位置に保つ．
[地域] 世界各地．

548 PALM UP(2) 手のひら上げ(2)(片手型)

[意味] 全部払え！
[動作] 物乞いのジェスチャーに似ているが，手のひらは平らで，親指は横にまっすぐ伸ばす．
[背景] 物乞いの手の顕著な形．助けを求めることが，容赦ない要求に転じている．
[地域] 世界各地．

549 PALMS BACK 手のひら返し

[意味] 君を抱きしめる．
[動作] 両手の手のひらを自分の方に向けて，前方に構える．
[背景] 話し手が，自分の考えを聴衆に理解してほしいと願うとき，無意識に両腕と両手で抱擁するジェスチャーをすることが多い．
[地域] 世界各地．

550 PALMS BRUSH 手のひら払い

[意味] 終わった．
[動作] 両手を上下交互に動かし，手のひらを払うように接触させる．

(背景) 仕事が終わったときに，両手の汚れを払う動作のまね．メッセージは，動作者が，何かから，あるいは誰かから手を引くことを表わす．
(地域) 広範囲に普及．

551 PALMS CONTACT(1) 手のひら合わせ(1)

(意味) 祈り．
(動作) 身体の前で指を上に向けて，両手を合わせる．
(背景) この祈りの恰好は，捕虜の縛られた手をまねたことに由来する．祈っている人は実際，自分自身を献身的に神に捧げると言う．今日，この古代の起源を知るものは少ないが，この手の恰好は敬虔で信心深い伝統的なジェスチャーとして残っている．多くの地域では，嘆願者が天に届くように両腕を上げるという，さらに古い祈りの姿勢に替わっている．
(地域) 広範囲に普及．とくに西欧社会．

552 PALMS CONTACT(2) 手のひら合わせ(2)

(意味) 挨拶．
(動作) 前項と同様であるが，通常は頭を少し下げる．
(背景) 東洋では，一般的な西欧の握手の代わりに，この挨拶の形を使う．
(地域) アジア人の挨拶で，インドではナマステ(namaste)，タイではワイ(wai)として知られる．

553 PALMS CONTACT(3) 手のひら合わせ(3)

(意味) 感謝.
(動作) 前項参照.
(背景) このジェスチャーが挨拶として使われている文化では,感謝も表わす.
(地域) アジア.

554 PALMS CONTACT(4) 手のひら合わせ(4)

(意味) 謝罪.
(動作) 前項参照.
(背景) 東洋でも西洋でも,許しを乞うときに使われる.
(地域) 広範囲に普及.

555 PALMS DOWN 手のひら下ろし

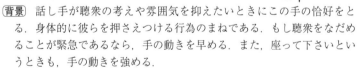

(意味) 落ちついて.
(動作) 手のひらを下に向け,両腕を前に出して,小さく下向きに拍をとる.
(背景) 話し手が聴衆の考えや雰囲気を抑えたいときにこの手の恰好をとる.身体的に彼らを押さえつける行為のまねである.もし聴衆をなだめることが緊急であるなら,手の動きを早める.また,座って下さいというときも,手の動きを強める.
(地域) 世界各地.

556 PALMS FRONT 手のひら前押し

(意味) とどまって.
(動作) 両手の手のひらを前方に向けて,腕を前に構え,少し前に押す.

(背景) 相手側を向こうに押す行為をまねたもので,話し手が聴衆と意見を異にし,彼らの考えを拒否したり議論に反発しようとするときに使う.話しながら無意識に使うが,「下がって」の意味で意図的に使うときは,明白な押す動作をする.
(地域) 世界各地.ただし,ギリシャを除く.ここでは,ひどく侮辱的な「手のひら突き出し(両手型)」(⇨559)に酷似しているため使われない.

557　PALMS RUB(1)　手のひらこすり(1)

(意味) 後悔.
(動作) 少し丸めた両手を,激しく一緒にこすり合わせる.
(背景) 「悲しいときに手をかたく握りしめる」ことが一般的であった昔から,生き残っているジェスチャー.
(地域) サウジアラビア.

558　PALMS RUB(2)　手のひらこすり(2)

(意味) 彼女たちは同性愛者だ.
(動作) 平らにした手のひらを一緒にこすり合わせる.
(背景) 二つの身体が滑動するかのように,両手を直接前後にこすり合わせる.二人の性的接触の動きが男根なしで行なわれていることを象徴している.
(地域) 南アメリカ.

559 PALMS THRUST 手のひら突き出し(両手型)

(意味) 二度地獄へ行け！
(動作) 何かを相手の顔に押しつけるように，両手の手のひらを相手の前に突き出す．
(背景) 下品な侮辱として使われる Double Moutza といわれるジェスチャーである．起源は「手のひら突き出し(片手型)」(⇨544)と同じで，それを誇張した形．
(地域) ギリシャ．

560 PALMS UP(1) 手のひら上げ(1)(両手型)

(意味) 懇願する．
(動作) 話をしている間中，両手の手のひらを上に向けて相手の方に差し出す．
(背景) 聴衆に賛同を得ようとする講演者が一般的に使うやり方．訴えるときには無意識に両手で懇願するジェスチャーをしている．
(地域) 世界各地．

561 PALMS UP(2) 手のひら上げ(2)(両手型)

(意味) 誓う！
(動作) 前項と似ているが重要な違いは，手のひらを上向きにした両手を，前方に差し出すのではなく動作者の脇に置くことである．同時に頭を後方に傾ける．
(背景) 本来は宗教的なジェスチャー．動作者が天を仰ぎ，誓いの証人に懇願する．
(地域) ヨルダン，レバノン，リビア，シリア，サウジアラビアを含む中東．

562 PALMS UP(3) 手のひら上げ(3) (両手型)

(意味) 祈り.
(動作) 前項と同様であるが,両手をもっと前に出し,頭と眼を下向きにする.
(背景) 祈りの儀式的な姿勢で,神に献身的に助けを乞う.
(地域) ある特定の宗派.

563 PALMS 'WASH' 手のひら洗い

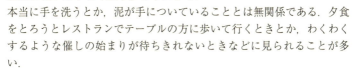

(意味) 期待.
(動作) 実際には乾いているのだが,両手の手のひらを洗うようにこすり合わせる.
(背景) 何かよいことを期待すると,人は無意識に乾いた手を「洗う」ようにする.本当に手を洗うとか,泥が手についていることとは無関係である.夕食をとろうとレストランでテーブルの方に歩いて行くときとか,わくわくするような催しの始まりが待ちきれないときなどに見られることが多い.
(地域) 広範囲に普及.

564 PALMS WIPE 手のひら払い

(意味) 終わった!
(動作) 両手の手のひらを,数回交互に払う.
(背景) 手のひらから何か残っているものを象徴的に取り払う.「私は手を引く」の意味で,会話の最中に,何かが終わったとか,もう関心がないことを示す.
(地域) 広範囲に普及.

565 PUPILS DILATE　瞳孔広げ

意味　今見ているものが好き.
動作　両目の瞳孔が大きく見開かれる.
背景　カメラのレンズの口径を調節するように, 瞳孔は光量に応じて変化する. 普通は, 明るい所では針でひと刺しした位の大きさになり, 薄暗い所では網膜の照度を増すために広がる. しかし, ときどきこのルールに従わずに, 光量に応じた大きさよりさらに大きく広がることがある. それは何か好きなものを見たときに感情的に興奮して, 無意識のうちに自動的に起こるものである. コントロールできないことから, お互いの反応や見ているものへの反応を測る有効な手段となる. 恋したときに我々の瞳は大きく開かれ, 相手を深く見つめていることに気づく. また我々にとって価値のあるもの, たとえばすばらしい芸術品とか宝飾品を見るときにも, 瞳孔は広がる. このため, 東洋の翡翠商人は, とくによい品を見つけたときに手の内を見せなくてもよいように暗い眼鏡をかけ, プロのポーカー競技者も, 瞳がよいカードに反応するのを隠そうとするのだ.
地域　世界各地.

566 SHOULDER BRUSH　肩払い

意味　恩典.
動作　埃を払うかのように, 自分の肩を片手で軽く払う.
背景　このジェスチャーは, apple polishing「ごますり」や cepillar「おもねる」として知られ, 恩典を得るために実力者にへつらって機嫌をとることを示す.
地域　南アメリカ.

567　SHOULDER PAT　肩叩き

- (意味)　私はよくやった！
- (動作)　みずから自分の背中を軽く叩く．
- (背景)　冗談に自分をほめる形．
- (地域)　西欧社会．

568　SHOULDER STRIKE　肩打ち

- (意味)　挨拶．
- (動作)　二人の人が出会ったとき，お互いの肩を陽気に強く叩き合う．
- (背景)　凍えるほど寒い北の地域では，服をたくさん着込んでいるので，通常の接触のジェスチャーはあまり効果がない．その結果が，この荒っぽい形の挨拶となる．
- (地域)　エスキモー社会．

569　SHOULDERS CLASP　両肩握り

- (意味)　尊敬を示す挨拶．
- (動作)　自分の両肩を両手で握る．腕は胸の前で交差させる．
- (背景)　他人との接触が禁じられている文化では，相手を抱きしめる代わりに，自分自身を抱きしめる形で挨拶をする．実際，動作者は相手との間に距離をとりながら「私はこの抱擁をあなたに捧げます」と伝える．
- (地域)　マレーシア．

207

570 SHOULDERS SHRUG　両肩すくめ

(意味) 私は知らない．
(動作) 両肩を弓なりに曲げ，指を広げた手のひらを上に向けて，両手を差し出す．口の両端を一時的に下げ，両眉を上げる．
(背景) 肩すくめは「言えない」「あなたを助けられない」「全然分からない」といった無知の表現であることがほとんどである．動作者の無力さが一瞬の防御の構えで示され，何か身体に脅威を感じているかのように，身体を丸める．
(地域) 世界各地で見られるが，極東地域では一般的ではない．

571 SMOKE BLOW　煙吹きかけ

(意味) 性的な誘い．
(動作) 男性が自分の煙草の煙を，相手の女性の顔に吹きかける．
(背景) 多くの国では，この行為は非常に攻撃的と受け取られるが，ある地域では，男性から女性への性的な誘いを表わす容認されたジェスチャーである．
(地域) 北シリア．

572 STOMACH CLASP　腹握り

(意味) お腹が空いた．
(動作) 片手で腹部をつかむ．
(背景) この空腹の合図は，空になったお腹の痛みを示しており，「腹撫で(1)」(⇨ 27) の代わりに使われる．
(地域) 世界各地．

573　STOMACH 'SAW'　腹鋸(のこぎり)

(意味)　お腹が空いている．
(動作)　片手の端で，腹部を左右に鋸で切るようにする．
(背景)　一般的に空腹を示すのに使われる「腹握り」（⇨572）の特定地域版である．
(地域)　ギリシャ．

574　STOMACH 'STAB'　腹刺し

(意味)　自害したい！
(動作)　片手で，身体の前面に刀を突き刺す行為をまねる．
(背景)　西欧で一般的な「こめかみを自分で撃つ」動作の，日本版である．日本で「腹切り」と呼ばれた，昔の儀式的な自害のやり方に基づく．日本人が非常に困惑したときに，「死にたい」という気持ちを表わすのに使う．
(地域)　日本．

575　TEETH FLICK(1)　歯はじき(1)

(意味)　怒りを込めた脅迫．
(動作)　親指の爪を上の前歯の裏に当て，軽く音を立てながら勢いよくはじき出す．少し弱い形では，歯に直接触れないで行なう．
(背景)　シェークスピアの『ロメオとジュリエット』で有名になった昔のジェスチャーで，「親指噛み」と呼ばれ，けんかを売るときの嘲りとして使われた．昔はヨーロッパ中で嘲りを表わすジェスチャーとして一般的で，フランスでは歯に当てた爪のはじく音を指す la nique という特別の名前で呼ばれた．今日では分布地域は狭まり，北ヨーロッパでは知られていない．

(地域) 今日では，ギリシャとシシリーで一般的．地中海沿岸諸国では脅しの意味で使われることもあるが，衰退しつつある．

576 TEETH FLICK(2) 歯はじき(2)

(意味) 私は何も持っていない．
(動作) 前項と同様であるが，強い怒りは表わさない．
(背景) 「何もあげない」という敵意を弱めた形と，「何もあげるものがない」という率直な事実という二つの否定を伝える．アラブ諸国では，「お金がない」という一つの意味しかなく，neegree-neegreeという言語表現を伴うことが多い．
(地域) フランス，スペイン，ポルトガル，旧ユーゴ，トルコ，サルジニア，北アフリカと中東のアラブ文化圏．

577 TEETH RUB 歯こすり

(意味) 私は何も持っていない．
(動作) 親指の爪で横向きに歯をこする．
(背景) 「歯はじき(2)」(⇨576)の特定地域版である．
(地域) 東ヨーロッパ．

578 TEMPLE CIRCLE(1) こめかみ回し(1)

(意味) 気がおかしい！
(動作) こめかみの近くで，人さし指を時計回りかその逆に回し，小さい円を描く．

(背景) 頭の中で脳が制御できずにぐるぐる回っているということを象徴している．
(地域) 広範囲に普及．回す向きは意味に関係のない地域がほとんどだが，次項には注意が必要．

579 TEMPLE CIRCLE(2) こめかみ回し(2)

(意味) 気がおかしい!
(動作) 前項と同じであるが,人さし指は時計と逆回りに回す.
(背景) 時計を逆回りにすることで,つむじ曲がりを象徴する.日本語では,つむじ曲がりや風変わりな人のことを「左巻き」と言い,文字通りに「時計を逆向きに巻く」という意味である.
(地域) 日本.

580 TEMPLE CIRCLE(3) こめかみ回し(3)

(意味) 無駄な.
(動作) 前項と同様であるが,指は時計回りに回す.
(背景) 厳密な研究者は,日本人が時計回りとその逆の微妙な違いを使い分けていると主張しているが,もはやそうではない.今の日本では,恐らく外国からの影響でこの古い伝統的な形は衰退しつつあり,人さし指の向きにかかわらず,「気がおかしい」を意味する.
(地域) 日本.

581 TEMPLE SCREW(1) こめかみねじり(1)

(意味) 気がおかしい!
(動作) 「ゆるんだネジ」を巻き上げるように,人さし指をこめかみにねじ込む.
(背景) 「彼はネジがゆるんでいる」という言い習わしに関連している.
(地域) 西欧社会で広範囲に普及.

582 TEMPLE SCREW(2) こめかみねじり(2)

(意味) 気がおかしい！
(動作) 蝶型の留めネジを締めるように，親指と人さし指でこめかみにねじ込むようにする．
(背景) 前述のジェスチャーのように，この動作は脳の働きをよくするために，象徴的に頭の枠を締めている．
(地域) 南イタリア．

583 TEMPLE 'SHOOT' こめかみ撃ち

(意味) 自殺したい！
(動作) 銃で自分のこめかみを撃つ動作をまねる．
(背景) 社交的な集まりで，非礼なことをしたり不謹慎なことを言ってしまったとき，自分自身を撃つまねをして自己嫌悪を表わす．
(地域) 西欧社会で広範囲に普及．

584 TEMPLE TAP(1) こめかみ叩き(1)

(意味) 気がおかしい！
(動作) 人さし指で数回こめかみを叩く．
(背景) 頭が注意を喚起していることを示す．叩く動作は，壊れた時計や腕時計を調べるときに叩くのと同じである．「気がおかしい」だけを意味する「こめかみ回し(1)」（⇨ 578）とは違って，とても頭がよいという意味でも使われるため，多少意味が曖昧である．
(地域) 広範囲に普及．

585　TEMPLE TAP(2)　こめかみ叩き(2)

(意味)　賢い.
(動作)　指でこめかみを数回叩く.
(背景)　指が頭を指しているのは，よく機能していることを示しており，「何が起こっているのか知っている．分かった」か「彼はとても賢い」のいずれかのメッセージを表わす.
(地域)　広範囲に普及.

586　TEMPLE TOUCH　こめかみ触り

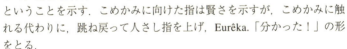

(意味)　いい考えがある！
(動作)　人さし指でこめかみに触れ，次に前方へ離す.
(背景)　「賢い」を意味する「こめかみ叩き(2)」(⇨585)の変形．誰か他の人が賢いのではなく，動作者自身がいい考えを思いついたということを示す．こめかみに向けた指は賢さを示すが，こめかみに触れる代わりに，跳ね戻って人さし指を上げ，Eurêka.「分かった！」の形をとる.
(地域)　ヨーロッパ，とくにフランス.

587　TEMPLES ANTLERS　こめかみ枝角

(意味)　性的侮辱.
(動作)　両手の親指でこめかみに触れ，広げた指を相手に向けて振る.
(背景)　角サインの変形で，雄牛の角を雄鹿の枝角に代えた形．侮辱のメッセージは双方とも妻を寝取られた夫，つまり妻が不貞を

213

働いているとなる.
(地域) シリア.

588 TEMPLES EARS　こめかみ耳

(意味) まぬけ！
(動作) 両手の親指でこめかみに触れ，他の指は横であおぐようにする.
(背景) 「両耳親指」(⇨ 134) に関連した冗談半分の侮辱で，子供たちがよく使う．メッセージは「こんな大きな耳をもっていて，愚かなロバのようだ，まぬけ！」となる．妻の不貞を表わす辛辣なジェスチャー「こめかみ枝角」(⇨ 587) と混同されやすい.
(地域) イタリア.

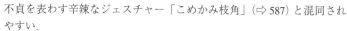

589 TEMPLES HORNS　こめかみ角

(意味) 性的侮辱.
(動作) こめかみの脇で両手の人さし指を垂直に立て，雄牛の角を示す.
(背景) 寝取られ夫を侮辱する，もう一つの形.
(地域) 広範囲に普及.

590 THIGH SLAP(1)　腿叩き(1)

(意味) 短気.
(動作) 立っているとき，片手で腿の外側をくり返し一定のリズムで叩く.
(背景) 手は様式化された「移動」の動きをし，当の本人がもう立ち去りたいのに，何らかの理由でできないことを示す.

「指先鳴らし」（⇨ 199）や「足鳴らし」（⇨ 223）と同様のメッセージを伝える．
(地域) 広範囲に普及．

591　THIGH SLAP（2）　腿叩き（2）

(意味) 猥褻．
(動作) 片手で腿の内側を叩く．
(背景) 性器の近くを叩くので，かなり挑発的な動作と考えられる．
(地域) アルゼンチン．

592　THIRD-FINGER POINT　薬指さし

(意味) 既婚．
(動作) 片手の人さし指で，もう一方の手の薬指を指し示す．

(背景) 友人に誰かが既婚者であることを知らせるときに使い，結婚指輪をはめる場所を示す．指輪をはめるのが左手の国もあれば，右手の国もある．
(地域) 南北アメリカ．

593　THROAT 'CUT'（1）　喉切り（1）

(意味) 脅迫．
(動作) 伸ばした人さし指をナイフに見立て，喉を切るようにする．ナイフで肉を切っているような，切り裂く音を出すこともある

(背景) 模倣ジェスチャーの多くがそうであるように，動作者が誰かにしたいことを，自分自身にして見

215

せている.
(地域) 広範囲に普及.

594 THROAT 'CUT' (2) 喉切り (2)

(意味) 終わりだ！
(動作) 手のひらを平らにして下に向け, 喉のところで横に動かす.
(背景) 誰かの喉を切るという行為のまねで, メッセージは「君はもう終わりだ」となる. 言い換えれば, 何をしていようと直ちに終わらせろとなる. この動作は, テレビスタジオで出演者が時間を使い切ってしまい, すぐに止めなくてはならないときに作りだされた. それ以来, 社会でより一般的な使われ方として広まった.
(地域) 西欧社会.

595 THROAT 'CUT' (3) 喉切り (3)

(意味) 喉を切りたい.
(動作) 喉のところで人さし指を横に動かす.
(背景) 社会的な失態や非礼な行ないをしてしまったとき, 自分の愚かさを認めて喉を切るまねをする.
(地域) 広範囲に普及.

596 THROAT GRASP (1) 喉つかみ (1)

(意味) お前を絞め殺す.
(動作) 自分の喉を締めて見せる.
(背景) 動作者が他の人に対してしたいことを単にまねた動作.
(地域) アラブ文化圏.

597 THROAT GRASP(2) 喉つかみ(2)

意味 自殺.
動作 前項参照.
背景 自分自身を吊るす行為のまね. 自分か他の人が自殺をしたい衝動に駆られている, あるいは, 誰かが自殺をしたということを意味する.
地域 ニューギニア.

598 THROAT GRASP(3) 喉つかみ(3)

意味 もうたくさんだ.
動作 前項参照.
背景 「私はここまで一杯だ」ということを示している.
地域 イタリア.

599 THROAT GRASP(4) 喉つかみ(4)

意味 投獄.
動作 前項参照.
背景 誰かが捕まり投獄されるという合図, すでに刑務所にいるという知らせ, あるいは, そんなことをしていると投獄されるという忠告として使う.
地域 南アメリカ.

600　THROAT GRASP(5)　喉つかみ(5)

(意味)　うまくいかなかった.
(動作)　前項参照.
(背景)　スポーツで使われ，かっとしたり緊張したので，うまく動けなかったということを示す.
(地域)　北アメリカ.

601　THROAT GRASP(6)　喉つかみ(6)

(意味)　息ができない.
(動作)　前項参照.
(背景)　人が本当に食べ物を喉に詰まらせたり，物が喉に刺さると，はっきり声を出して助けを呼ぶことができない．アメリカ赤十字は，「喉つかみ」ジェスチャーはこのようなときの緊急の合図として使われるべきだと示唆している．他の意味がいろいろあるため，それを見た人が正確なメッセージをつかみにくいという問題点がある.
(地域)　北アメリカ.

602　THROAT PINCH　喉つまみ

(意味)　痩せている.
(動作)　親指と人さし指で，喉仏をつまむ.
(背景)　痩せた首を示す.
(地域)　南イタリア.

603　THROAT SAW　喉鋸(のこぎり)

(意味)　もうたくさんだ．
(動作)　片手を首の前で往復させて，鋸で切るようにする．
(背景)　一般的な「顎叩き」(⇨ 97)や「喉つかみ(3)」(⇨ 598)の特定地域版．もともとのメッセージは「お腹が一杯で，ここまできている」となるが，今はより一般的に，何に対しても「うんざりしている」という意味で使われる．
(地域)　オーストリア．

604　THROAT STROKE　喉撫で

(意味)　あなたを信じない．
(動作)　喉のところで，人さし指を軽く数回上下させる．口は開けることもある．
(背景)　相手の言葉が発せられる源に注意を向けさせ，それが真実ではないことを示す．
(地域)　南アメリカ．

605　THUMB ARC　親指弧

(意味)　飲む．
(動作)　弓なりに曲げた親指を，開いた口の方へ数回ぐいと動かす．頭は後方へ少し引き，口を開ける．
(背景)　「喉が乾いた」や「飲みましょう」のジェスチャーは，携帯用の瓶から飲む動作をまねている．
(地域)　スペイン，南フランス，イタリア，イラン，アラブ文化圏．

606 THUMB BACK 親指後指し

(意味) 以前に.
(動作) 親指を肩ごしに数回, 後方へ引く.
(背景) 動作者の後ろの空間を指し示すことで, 過去 (通常は昨日) に言及する方法.「未来」を表わす「指跳び」(⇨ 241) は, 身体の前で円弧を描く動きをして「明日」を示すが, その逆である.
(地域) 南アメリカ.

607 THUMB BITE 親指嚙み

(意味) 男女の戯れ.
(動作) 親指を横向きにして歯で嚙み, 次に口から離して振る.
(背景) 男の子が女の子とふざけるときに使う. この自分自身を嚙む痛みは, 女の子の魅力が引き起こす男の子への苦悩を象徴する. 男の子が熱いものに触ってその手を冷ます動作をまねた, ヨーロッパの「指冷まし」(⇨ 176) に似ている.
(地域) シリア.

608 THUMB BLOW 親指吹き

(意味) 挑戦的態度.
(動作) 親指をすぼめた口に入れ, 頬を一杯に膨らます.
(背景) I don't give a damn !「くそくらえだ!」という表現を連想させる.
(地域) オランダ.

609　THUMB CIRCLE　親指回し

(意味) 性的侮辱.
(動作) 親指を立てて, 円を描く.
(背景) 親指の動きは, 性交の際の動きを暗示している.
(地域) サウジアラビア.

610　THUMB DOWN　親指下げ

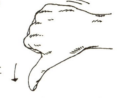

(意味) 否定.
(動作) 親指を数回下向きに動かすか, 動かさずに下に向ける.
(背景) すべてがうまくいっていることを示す「親指上げ(1)」(⇨ 615) の逆である. 起源は, 古代ローマ時代に, 円形闘技場で負けた剣闘士を刺す慣習に由来する. 群衆がその男を死なせたければ, 剣を身体に突き刺すように親指を下へ向ける. 群衆は闘技場の高い所に座っているので, 必然的に突き刺す動きは下向きになった. このことから, 否定的なことを表わすのにこのジェスチャーが使われることとなった.
(地域) 広範囲に普及.

611　THUMB HITCH　ヒッチハイク

(意味) 乗せて.
(動作) 親指を動かして, 行きたい方向を指す.
(背景) 比較的現代のジェスチャーで, 道端のヒッチハイカーたちが使う. サルジニア, ギリシャ, トルコ, 中東の一部, アフリカ, オーストラリアではかなり古くからの意味もあるので, 不運にも混乱をきたすことがある. これらの地域では, 立てた親指を示すことは本来強力な性的侮辱になるので, 訪れたヒッチハイカーは親指を突き出すよりも平手を振って乗車を求めることが必要である.

(地域) もともとはアメリカ合衆国で使われたが，今は広範囲に普及．

612 THUMB JERK　親指引き

(意味) 性的侮辱．
(動作) 親指を立て，数回上方向に動かす．
(背景) ここでの親指は陰茎を象徴している．このジェスチャーと，友好的な「親指上げ(1)」(⇨615)，「ヒッチハイク」(⇨611) は大変似ているために，外国からの旅行者とその地域の人々との間に誤解を生じやすい．もし道端にいるヒッチハイカーが，ある特定の国々で通り過ぎる車に親指を立てると，意図的な侮辱と受け取られる．ただで乗せてもらえないどころか，激しい口論になることもある．侮辱的な親指のジェスチャーが一般的なこれらの国々では，親指を立てるのではなく，平手を使ってヒッチハイクの合図を送る．当然のことながら，北アメリカやヨーロッパのような上記の二つのジェスチャーがよく知られているところでは，侮辱の意味は稀であり，逆に，このジェスチャーが侮辱として通常使われている地域では，他の二つは稀である．オーストラリアは例外で両方の意味で使うため，混乱を生じる．
(地域) サルジニア，ギリシャ，トルコ，イラン，中東，ロシア，アフリカとオーストラリアの一部（トルコでは，より具体的に同性愛への誘いの合図として使われる）．

613 THUMB POINT　親指さし

(意味) 軽蔑．
(動作) 親指を横向きにして相手のいる方向を指し示す．
(背景) 会話で話題になっている人のいる方向を親指で指すのは，意図的な侮辱行為である．親指は力強さを表わす指なので，動作に，攻撃的で脅迫的意味合いを添えることになる．
(地域) 広範囲に普及．

614　THUMB SUCK　親指すすり

(意味) 彼は嘘をついている.
(動作) 吸っているかのように, 親指の先を口に入れる.
(背景) 誰かが話をでっち上げようとしていることを示すのに使われる.
(地域) オランダ.

615　THUMB UP(1)　親指上げ(1)

(意味) 承知した.
(動作) 親指を立てて, 相手に向ける.
(背景) このジェスチャーには誤解に基づいた奇妙な起源がある. 古代ローマの円形闘技場で, 群衆がよく戦ったから剣闘士を助けたいと望むなら親指を隠し (pollice compresso「親指握りしめ」), 群衆がうまく戦わなかったから彼を殺したいと望むなら, 親指を伸ばして剣を突き刺すまねをした (pollice verso「親指向け」). 誤訳や無知から, この二つの相反するジェスチャーは結局, 何かよいことに対しては「親指を隠す」から「親指を上げる」になり, 何か悪いことに対しては「親指を突き上げる」から「親指を下げる」に変化した. そして, これが今日私たちの使っている形になったのである.
(地域) 広範囲に普及.

616　THUMB UP(2)　親指上げ(2)

(意味) 男性.
(動作) 前項参照.
(背景) 細くて小さい小指が女性を表わすのと対照的に, 太い親指は男性を象徴する. 男性であれば, 男友達, 夫, パトロン, 上司のいずれも指す.

(地域) 日本.

---

617 THUMB UP(3) 親指上げ(3)

(意味) バスク人万歳!
(動作) 前項参照.
(背景) 勝利を表わすVサインや，万歳，共産党のこぶしを振りかざすジェスチャーは強力な政治的絆を作りだす．スペインでは同様のことが「親指上げ」についていえるが，この使われ方は広く知られているわけではない．スペインではバスク分離運動の表象として使っているため，「すべてうまくいっている」というよい意味の「親指上げ」を使っている観光客は，何故だか分からないままに深刻なトラブルに巻き込まれることもある.
(地域) スペイン北西部.

---

618 THUMB UP(4) 親指上げ(4)

(意味) 何もない!
(動作) 前項参照.
(背景) 特定地域で報告されているこの使い方は，さらに調査をする必要がある．本当に使われているなら，恐らく戻ってきた人が空のこぶし，つまり何も握っていないこぶしを掲げることに基づいているのではないだろうか.
(地域) パンジャブ地方(インド)の西部.

---

619 THUMB UP(5) 親指上げ(5)

(意味) 五.
(動作) 前項参照.
(背景) 日本人は西欧の「親指上げ」をOKの意味で使わないので，数字の五を示していると誤って解釈しがち

224

である．指で数えるとき，立てた親指が五を表わすからである．
(地域) 日本．

620 THUMB-AND-FOREFINGER ROTATE
指回転（親指・人さし指型）

(意味) お断りだ．
(動作) 親指と人さし指を伸ばして，手首のところで片手を前後に回転させる．
(地域) イタリア．

621 THUMB-AND-LITTLE-FINGER ARC
指弧（親指・小指型）

(意味) 飲む．
(動作) 親指と小指を伸ばして他の指は丸め，口の方へ弧を描くように動かす．親指の先はまっすぐ唇の方へ向ける．
(背景) スペインやアラブの国々で見られる革製の瓶から，噴き出してくる飲み物を，開けた口めがけて注ぎ込むことをまねたジェスチャー．他の地域で見られる「手飲み」（⇨309）が，想像上のグラスを唇にもっていくのをまねるのとは異なる．メッセージは「喉が乾いている」か「何か飲みたい？」となる．
(地域) スペインと南米のスペイン語圏．アラブ文化圏．

225

622 THUMB-AND-LILTTLE-FINGER RING
指輪っか

(意味) 何も手に入らなかった.
(動作) 片手の親指と小指で輪を形づくる.
(背景) 一般的な人さし指でなく小指を使って輪を作ることにより,よい意味ではなく否定的な意味を伝える.
(地域) シシリー.

623 THUMB-AND LITTLE-FINGER ROTATE
指回転（親指・小指型）

(意味) 酔っ払い.
(動作) 「指弧（親指・小指型）」（⇨ 621）と同様だが,口へ向けて動かす代わりに手を前後に回転させる.
(背景) 酔っ払いがもはやボトルをしっかり持っていられなくなっていることを象徴している.
(地域) 南アメリカ.

624 THUMB-AND-LITTLE-FINGER WAGGLE
指振り（親指・小指型）

(意味) 友好的な挨拶.
(動作) 手を振るときのように腕を上げ,親指と小指を伸ばして他の指を丸め,空中でゆっくり振る.
(背景) スペインの「飲む」ジェスチャーを修正した形.もとの形では,親指は口元へ向けられ,革の瓶から飲む行為をまねているが,ここでは片手は空中に上げられ,口元からは遠ざかる.これには面白い歴史があ

る．スペインの水夫や中南米の植民地からの移民が初めてハワイ島に着いたとき，彼らは住民に一緒に飲もうと誘う友好的なジェスチャーをした．やがてそれがこの島の一般的な挨拶となり，その過程で指は口に向けられなくなったのである．今日，ハワイ島の住民の多くはこのスペインの起源を知らないが，「くつろいで」や Aloha．「ようこそ」を意味するジェスチャーとして一般に知られている．島の住民は shaka ジェスチャーとも呼んでいるが，それは，ラッキー・ラック（Luchky Luck）と呼ばれる地方テレビのコメディアンのキャッチフレーズが It's a shaka．で，それがくり返し使われたからである．

(地域) ハワイ諸島．

---

625 THUMB, FOREFINGER AND LITTLE-FINGER RAISE 三指上げ

(意味) あなたを愛している．
(動作) 親指と人さし指と小指を広げて，他の指は折り曲げ，片手を上げる．
(背景) 公式のアメリカ手話にあるジェスチャーからの借用だが，今では一般的に，自分たちの愛を観衆に向けて表わしたいと考える人がさまざまな状況で使う．スポーツ選手，ロックスター，政治家，そして宗教の指導者でさえ，最近ではこのサインを使っているのが見られる．
(地域) もとはアメリカ合衆国であるが，今は広範囲に普及．

---

626 THUMB, FOREFINGER AND MIDDLE-FINGER THRUST 三指突き出し

(意味) 脅迫．
(動作) 三本の指を合わせ，前方にすばやく動かす．
(背景) 敵の身体に短刀を突き刺す動きのまね．
(地域) サウジアラビア，ヨルダン．

627 THUMBNAIL APPLAUSE　親指爪拍手

(意味) 皮肉な拍手喝采.
(動作) 両手でする拍手をまねて,親指の爪をくり返しコツコツ叩く.
(背景) 嘲笑的な拍手である. 本来の拍手喝采が期待されているときに,意図的に使われる侮辱.
(地域) オランダ,スペイン,南アメリカ.

628 THUMBNAIL KISS　親指爪キス

(意味) 誓う!
(動作) 親指の上に人さし指を重ねて,親指の爪にキスする. 次に,すばやく口元から離し,人さし指を親指の中央へと移動させ,十字を形づくる.
(背景) キリスト教国で誓いを立てる一般的なやり方. 十字架にキスをするのと同じである. Por ésta, la cruz. Te lo juro.「十字架にかけて誓う」という言葉を伴うこともある.
(地域) スペイン,南アメリカ,中央アメリカ.

629 THUMBNAIL PRESS　親指爪押し

(意味) 見下げた奴だ.
(動作) 虫を殺すかのように,両手の親指の爪をこすり合わせる.
(背景) 冷笑的な「親指爪拍手」(⇨ 627)に似ているが,親指の爪をコツコツ叩くことはしない. その代わりに,爪を合わせてわずかにねじる.
(地域) スペイン.

630　THUMBS BITE　親指嚙み

(意味)　降参.
(動作)　両手の親指の端を口の中に入れ，広げて相手の方に向ける.
(背景)　一般的な降参の合図である「両腕上げ(1)」(⇨ 14) の特定地域版.
(地域)　ベドウィン族.

631　THUMBS TWIDDLE　親指回し

(意味)　退屈.
(動作)　両手の指を組み合わせ，親指をくるくる回転させる.
(背景)　twiddling the thumbs「親指をくるくる回す」は退屈な状況を表わす表現で，籠や檻に入れられた動物が行ったり来たりしているのに似ている．何も起こりはしないのだが，静かにじっと待っているよりは少しでも動いている方がましなのである.
(地域)　広範囲に普及.

632　THUMBS WAGGLE　親指振り

(意味)　同性愛者.
(動作)　片手の手のひらをもう一方の手の甲に乗せ，両方の親指を鳥の羽のように揺り動かす．指は少し組み合わせるようにする.
(背景)　鳥のようなジェスチャーは男性の柔弱さを意味するのに使われることが多い．南アメリカでは，このジェスチャーは pájaro「鳥」と呼ばれる.
(地域)　南アメリカと中東.

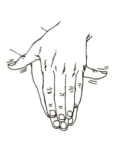

633　TIE SHAKE　ネクタイ振り

(意味)　だまされないよ．
(動作)　自分のネクタイを持ち上げ，相手に向かって振る．
(背景)　「私はまだ捕まっていないよ」という冗談めかした挑発として使われる．
(地域)　南イタリア．

634　TOE CROSS　爪先十字

(意味)　戻らないことを誓う．
(動作)　足の爪先で地面を指し，十字のサインを描く．
(背景)　キリスト教徒が聖なる十字架を象って誓いを立てる形の一つで，地面の上で足を動かす．人々が災難にあった場所から自分自身を守りたいと願うときに使われ，決して戻らなくてもよいように願う．
(地域)　南イタリア．

635　TONGUE MULTI-PROTRUDE(1)　舌出し(1)(複数型)

(意味)　性的な誘い．
(動作)　舌をすばやく出したり引っ込めたりする．
(地域)　ヨーロッパとアメリカ大陸．

636 TONGUE MULTI-PROTRUDE(2) 舌出し(2)(複数型)

(意味) お前は嘘つきだ.
(動作) 前項参照.
(地域) サウジアラビア.

637 TONGUE PROTRUDE(1) 舌出し(1)

(意味) 侮辱.
(動作) 舌を突き出す.
(背景) この「不作法なジェスチャー」は子供時代に由来しており, 世界中の人に理解される. 差し出された食べ物が嫌なとき, 幼児はいつでも舌を出す. これが基本的な拒絶の合図へと発展し, 徐々に「それは要らない」から「お前は要らない」へと変化し, 一般的な侮辱の合図になる.
(地域) 世界各地.

638 TONGUE PROTRUDE(2) 舌出し(2)

(意味) 侮辱.
(動作) 舌を出した後で, 右手で捨てる動きをする.
(背景) この手の込んだジェスチャーでは, 舌と手で二度拒絶する.
(地域) 東アフリカ.

639 TONGUE PROTRUDE(3) 舌出し(3)

意味 私は集中している．
動作 舌を唇の間から少し出すか，一方に曲げて口の端を押す．
背景 素描を描いたり小さな装置を組み立てるといった，難しい手仕事をしている人が無意識に使う．これもまた，幼児期の拒絶反応に関連している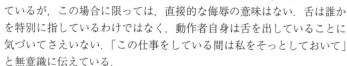が，この場合に限っては，直接的な侮辱の意味はない．舌は誰かを特別に指しているわけではなく，動作者自身は舌を出していることに気づいてさえいない．「この仕事をしている間は私をそっとしておいて」と無意識に伝えている．
地域 世界各地．

640 TONGUE RUB 舌こすり

意味 性的猥褻．
動作 親指で舌を下方にこすり，その手をウェストの位置に下ろす．その位置で指を折り曲げて，数回前後にぐいと引く動きをする．
背景 手で性的な動きをまねる準備として，親指を舌で湿らせる．
地域 レバノン．

641 TONGUE TOUCH(1) 舌触り(1)

意味 噂．
動作 人さし指を曲げて，突き出した舌に触れる．
背景 大げさに突き出した舌に注意を向けさせる．
地域 南アメリカ．

642 TONGUE TOUCH (2) 舌触り (2)

(意味) どうぞ急いで.
(動作) 人さし指の先で舌に触れ, それから鼻の先に触れる.
(地域) サウジアラビア.

643 TONGUE WAGGLE 舌振り

(意味) 性的な誘い.
(動作) 少し口を開けて, 舌の先を左右に振る.
(背景) より性的な関係が進んだ際の舌でなめる行為を期待している.
(地域) 広範囲に普及.

644 TONGUE-TIP SHOW 舌先見せ

(意味) そんなつもりではなかった!
(動作) 舌の先を突き出し, その直後に引っ込める.
(背景) 誰かが自分の番でないときに話をして, 当惑したときに見られる.
(地域) チベット, 中国南部.

645 TROUSER LIFT ズボン上げ

(意味) 不信.
(動作) 一方のズボンの足を, 細心の注意で持ち上げる.
(背景) 今聞いたことがでたらめだということを示すのに, 肥やしの中につかったふりをする. 男性同士が冗

談を言い合っているような状況で典型的に使われる．
(地域) アメリカ合衆国．

646 WAIST BOW　お辞儀

(意味) 尊敬．
(動作) 身体をウェストから前に屈め，頭と視線を下げる．
(背景) お辞儀は従属的に身体を低めるという古代の形である．多くの従属的ジェスチャーのように，相手との関係で自分の大きさを縮める．昔はお辞儀は西欧での一般的な挨拶であったが，今は公式な場に限定される．今日の宮廷では男女でやり方が異なり，男性はお辞儀をし，女性は膝を屈めて会釈する．しかし，劇場では男優も女優も劇の後でお辞儀をするのが通例である．日本では今でも，日常生活における一般的な挨拶のジェスチャーとして使う．お辞儀の深さは，相手の地位に応じて注意深く調節される．上の者はわずかに頭を前に下げるだけであるが，下の者は深くお辞儀する．西欧からの訪問者が地位の低い者に対して深々と頭を下げるのは，礼儀正しくはあるが適切なマナーではないと日本人には受け取られる．
(地域) 世界各地．アジアでは一般的．ドイツ以外のヨーロッパでは珍しい．アメリカ合衆国では稀．

647 WAIST OUTLINE　ウェスト輪郭

(意味) 彼女はセクシーだ．
(動作) 両手で女性の身体の曲線美を描く．
(背景) 男性が，気になる女性や，彼女の特性について話すときに，相手に向かって使う一般的な合図．
(地域) ヨーロッパと北アメリカ．

234

648 WRIST FLAP　手首揺らし

(意味) 彼は柔弱だ.
(動作) 片手を,空中で上下にしなやかに振る.
(背景) 男性の柔弱さを意味する一般的な侮辱.単に,女性の弱々しい手首の動きをまねたものと考えられていたが,実はもっと特別な起源がある.昔の女性の衣装は袖がぴったりしており,腕を自由に動かすのは難しかった.手首しか自由に動かすことができなかったため,手首を振ることが女性を連想させたのである.
(地域) ほとんどの西欧諸国.

649 WRIST GRASP　手首つかみ

(意味) 性的暗示.
(動作) 自分の手首をもう一方の手でつかみ,ポンプのように上下させる.
(背景) 猥褻なジェスチャーで,性交の際に骨盤を押し出す動きをまねている.
(地域) 中東.

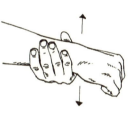

650 WRIST ROTATE　手首回し

(意味) 泥棒!
(動作) 片手を身体の脇におき,スリが被害者のポケットから何かをすくいとる行為をまねる.
(背景) 「誰かが泥棒だ」か「盗みが起こった」というメッセージを伝える.
(地域) オランダ.

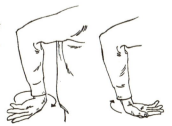

651 WRIST SLAP 手首打ち

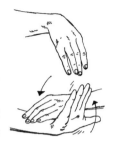

(意味) 彼は同性愛者だ.
(動作) だらっとした手首を上から平手で叩き, 力なく上下に動くようにする.
(背景) 同性愛者のしなやかな手首を風刺的に描写したもの. 同性愛者であることを指すか, 柔弱さを意味する侮辱として使う.
(地域) オランダ.

652 WRISTS CROSS(1) 手首交差(1)

(意味) 私はあなたの捕虜だ.
(動作) 手首を一緒に結わかれているか, 手錠をかけられているように交差させる.
(背景) 通常, 冗談で「私は奴隷だ」「降参だ」「逮捕してくれ」「何でもご命令通りに」を意味する.
(地域) 南イタリア.

653 WRISTS CROSS(2) 手首交差(2)

(意味) 彼は信頼できない.
(動作) 両手を手首のところで交差させ, 手のひらを相手に向けて, 指先を少し丸める. 小指を掛け合ってこの位置を保ち, 手を横へ動かす.
(背景) 両手は蟹の形をまねている. 蟹のように予期しない方向へ動いてしまい,「品行方正な暮し方」をしないので, 信用できないとなる.
(地域) 南イタリア.

項 目 一 覧

- 原著にはないが，本書では項目番号をつけ，［項目］［意味］［地域］が見やすいように項目一覧としてまとめた.
- ［項目］——身体部位につけられた言葉のラベルが英語と日本語とでくい違うことは既に指摘されているが，650以上もの異なる項目名のそれぞれに，適切でしかも異なる日本語名をつけることはかなり困難を伴った．したがって，同じ部位に必ずしも同一の訳をあてたわけではなく，読者が理解しやすいように意訳を試みた箇所もある.
- ［意味］——やはり状況があった上での意味であるので，この項目一覧だけで短絡的に理解することは避け，本文と併せて利用されたい.
- ［地域］——紙幅の関係でアメリカ合衆国をアメリカ，ヨーロッパとアメリカ大陸を欧米とするなど，簡略化して表示した．詳しくは本文を参照されたい.

【ARM 腕】

1　ARM FLEX 腕曲げ ▶私は強い［西欧］ 1
2　ARM GRASP 腕つかみ ▶友好的な挨拶［西欧］
3　ARM RAISE(1) 腕上げ(1) ▶注意を引く［広範囲］
4　ARM RAISE(2) 腕上げ(2) ▶私は誓う［西欧］ 2
5　ARM RAISE(3) 腕上げ(3) ▶友好的な挨拶［広範囲］
6　ARM RAISE(4) 腕上げ(4) ▶やあ！万歳！［古代ローマ，西欧］
7　ARM SHAKE 腕振り ▶誇張してるね［アラブ文化圏］ 3

【ARMPIT(S) 脇の下】

8　ARMPIT TICKLE 脇の下くすぐり ▶つまらない冗談［インドネシア］
9　ARMPITS HOOK 脇の下掛け ▶自慢［欧米］

【ARMS 両腕】

10　ARMS AKIMBO(1) 両手腰当て(1) ▶近づかないで［世界各地］........ 4
11　ARMS AKIMBO(2) 両手腰当て(2) ▶怒り［マレーシア，フィリピン］
12　ARMS BEHIND 後ろ手 ▶くつろいでいる［広範囲］ 5
13　ARMS FOLD 腕組み ▶防御［世界各地］
14　ARMS RAISE(1) 両腕上げ(1) ▶降参［広範囲］
15　ARMS RAISE(2) 両腕上げ(2) ▶祈り［広範囲］..................... 6
16　ARMS RAISE(3) 両腕上げ(3) ▶勝利［広範囲］
17　ARMS REACH 両腕伸ばし ▶私の抱擁を捧げましょう［世界各地］..... 7
18　ARMS ROCK 両腕揺すり ▶赤ちゃん［広範囲］

237

19 ARMS 'SHOVEL' 両腕シャベル ▶ばかなことを言って［北米］

【BEARD 顎ひげ】

20 BEARD GROW 顎ひげはやし ▶何て退屈な！［オランダ，ドイツ，オーストリア，イタリア］... 8
21 BEARD STROKE(1) 顎ひげ撫で(1) ▶考え込む［ユダヤ人社会,世界各地］
22 BEARD STROKE(2) 顎ひげ撫で(2) ▶何て退屈な！［オーストリア］
23 BEARD WAG 顎ひげ振り ▶年寄り［サウジアラビア］............... 9

【BELLY 腹】

24 BELLY 'CUT' 腹部切り ▶空腹［イタリア］
25 BELLY PAT 腹叩き ▶満腹［広範囲］
26 BELLY PRESS 腹押し ▶飢え［ラテンアメリカ］................... 10
27 BELLY RUB(1) 腹撫で(1) ▶空腹［世界各地］
28 BELLY RUB(2) 腹撫で(2) ▶君の不幸を楽しんでいるのさ［中欧］
29 BELLY 'SLICE' 腹スライス ▶何も残っていない！［フランス］....... 11

【BODY 身体】

30 BODY KOWTOW(1) 叩頭の礼(1) ▶従属［イスラム社会］
31 BODY KOWTOW(2) 叩頭の礼(2) ▶従属［ラオス］
32 BODY LEAN(1) 前屈み(1) ▶関心がある［世界各地］............... 12
33 BODY LEAN(2) 前屈み(2) ▶もう行かなくては［世界各地］
34 BODY PROSTRATE ひれ伏し ▶服従的挨拶［遠隔地の部族］

【BREASTS 胸】

35 BREASTS CUP 胸カップ ▶彼女はセクシーだ［世界各地］........... 13
36 BREASTS OUTLINE 胸輪郭 ▶彼女はセクシーだ［世界各地］
37 BREASTS THROW 乳房投げ ▶大きな胸［南米］

【BROW 眉間】

38 BROW TAP 眉間叩き ▶頭がおかしい［イタリア（ナポリ）］........... 14
39 BROW TOUCH 眉間タッチ ▶私にはそれはできない［サウジアラビア］

【BUTTOCK 尻】

40 BUTTOCK PAT 尻叩き ▶元気づけ［欧米］
41 BUTTOCK SLAP 片尻打ち ▶侮辱［ドイツ，オーストリア，東欧，中東］
.... 15

【BUTTOCKS 両尻】

42 BUTTOCKS EXPOSE 尻出し ▶くそくらえ［欧米］

43 BUTTOCKS SLAP 両尻打ち ▶卑猥な侮辱［東欧, 中東］........... 16

44 BUTTOCKS THRUST 尻突き出し ▶卑猥な軽蔑［南イタリア］

【CHEEK 頬】

45 CHEEK BRUSH(1) 頬さすり(1) ▶何て退屈な！［フランス］

46 CHEEK BRUSH(2) 頬さすり(2) ▶確かではない［アメリカ］....... 17

47 CHEEK CREASE 頬皺 ▶皮肉［西欧］

48 CHEEK 'CUT' 頬傷 ▶彼は無法者だ［イタリア（ナポリ）］

49 CHEEK DEFLATE 頬収縮 ▶くだらん！［フランス, 中東］.......... 18

50 CHEEK DOWN-RUB 頬撫で下ろし ▶私は誓う［サウジアラビア］

51 CHEEK KISS 頬キス ▶友好的挨拶［西欧］

52 CHEEK 'LATHER' 頬泡立て ▶君は私をだまそうとしている［フランス］
   19

53 CHEEK PINCH(1) 頬つまみ(1) ▶すばらしい［イタリア］

54 CHEEK PINCH(2) 頬つまみ(2) ▶ふざけて示す愛情［地中海地域］... 20

55 CHEEK SCRAPE 頬こすり ▶泥棒［南米］

56 CHEEK SCREW(1) 頬ねじり(1) ▶すばらしい！［イタリア］

57 CHEEK SCREW(2) 頬ねじり(2) ▶彼女は美しい！［イタリア, リビア］
   21

58 CHEEK SCREW(3) 頬ねじり(3) ▶彼は柔弱だ［南スペイン］

59 CHEEK SCREW(4) 頬ねじり(4) ▶君は気が変だ！［ドイツ］

60 CHEEK SLAP 頬叩き ▶ショックを受けて驚く［広範囲］........... 22

61 CHEEK SUPPORT(1) 頬杖(1) ▶弱虫！［スペイン］

62 CHEEK SUPPORT(2) 頬杖(2) ▶疲れている［ヨーロッパ, 広範囲］

【CHEEKS 両頬】

63 CHEEKS INFLATE 頬ふくらませ ▶太っている［広範囲］........... 23

64 CHEEKS STROKE(1) 両頬撫で(1) ▶やせ細り, 病気である［オランダ,
   ドイツ, イタリア］

65 CHEEKS STROKE(2) 両頬撫で(2) ▶美しい［ギリシャ］

【CHEST 胸】

66 CHEST BEAT 胸連打 ▶私は強い［広範囲］...................... 24

67 CHEST CROSS 胸十字 ▶私は誓う［イタリア］

68 CHEST HOLD 胸押さえ ▶私のこと？［広範囲, 西欧］

69 CHEST POINT 胸指し ▶私のこと？［広範囲］.................... 25

70 CHEST PRESS 胸押し ▶彼は欲張りだ［イタリア, 南米］

71 CHEST STROKE 胸撫で ▶彼は欲張りだ［イタリア］

239

72 CHEST TAP（1）胸叩き（1）▶私！［世界各地］..................... 26

73 CHEST TAP（2）胸叩き（2）▶うんざりだ［イタリア］

74 CHEST THUMP 胸強打▶女［ギリシャ］

75 CHEST-MOUTH-FOREHEAD SALAAM 額手礼（完全形）▶出会いや別れ
の正式な挨拶［アラブ社会］.................................... 27

【CHIN 顎】

76 CHIN CHUCK 顎下触り▶元気を出して［広範囲］

77 CHIN FLICK（1）顎はじき（1）▶いいえ［イタリア，マルタ，コルフ］.. 28

78 CHIN FLICK（2）顎はじき（2）▶攻撃的な冷淡さ［ベルギー，フランス，北
イタリア，チュニジア，旧ユーゴ］

79 CHIN FLICK（3）顎はじき（3）▶不信［ギリシャ，北フランス］

80 CHIN FLICK（4）顎はじき（4）▶何も持っていない［ギリシャ］........ 29

81 CHIN FLICK（5）顎はじき（5）▶知らない［ポルトガル］

82 CHIN GRASP（1）顎つかみ（1）▶賢さ［サウジアラビア］

83 CHIN GRASP（2）顎つかみ（2）▶約束する［サウジアラビア］......... 30

84 CHIN HOLD 顎握り▶どうぞお助けを［サウジアラビア］

85 CHIN HOOK（1）顎掛け（1）▶挑戦的な侮辱（やぁーい！）［オランダ，フ
ランス］

86 CHIN HOOK（2）顎掛け（2）▶終わりだ［ポルトガル］................ 31

87 CHIN JUT 顎突き出し▶脅威［世界各地］

88 CHIN KNUCKLE 顎げんこつ▶あなたの責任だ［インドネシア］

89 CHIN LIFT 顎上げ▶そんなことは超越している［世界各地］.......... 32

90 CHIN POINT 顎指し▶向こう［広範囲］

91 CHIN RUB 顎こすり▶あなたを信用しない［世界各地］

92 CHIN SCRATCH 顎掻き▶侮辱［ドイツ，オーストリア］............ 33

93 CHIN STROKE（1）顎撫で（1）▶考え中［世界各地］

94 CHIN STROKE（2）顎撫で（2）▶尊敬［サウジアラビア］.............. 34

95 CHIN STROKE（3）顎撫で（3）▶確実！［ブラジル］

96 CHIN SUPPORT 顎杖▶退屈［世界各地］

97 CHIN TAP 顎叩き▶うんざりだ［欧米］

98 CHIN THUMB（1）顎親指（1）▶私は何も持っていない［コロンビア］.. 35

99 CHIN THUMB（2）顎親指（2）▶待ちぼうけ［コロンビア］

100 CHIN TOUCH 顎タッチ▶彼は柔弱だ［南米］

101 CHIN WITHDRAW 顎引き▶恐怖［世界各地］...................... 36

【CLOTHING 衣服】

102 CLOTHING PULL（1）衣引き（1）▶くどい［南米］

103 CLOTHING PULL（2）衣引き（2）▶彼女は妊娠している［南イタリア］

104 CLOTHING SHAKE(1) 衣振り(1) ▶彼とは別れた［ジプシー社会］... 37
105 CLOTHING SHAKE(2) 衣振り(2) ▶無関係［アラブ諸国］

【COLLAR 襟】

106 COLLAR HOLD 襟つかみ ▶我々はだまされている［イタリア（ナポリ）］
107 COLLAR PULL 襟引き ▶ばれそうだ［広範囲］...................... 38

【CROTCH 股】

108 CROTCH SCRATCH 股掻き ▶性的侮辱［メキシコ，北米］

【CROWN 頭頂】

109 CROWN TOUCH 頭上触り ▶誓う［中東］........................ 39

【CUFF 袖口】

110 CUFF HOLD 袖口つかみ ▶不安感［西欧］

【EAR 耳】

111 EAR CIRCLE 耳回し ▶おとなしくしないと，罰を与えるよ！［サウジアラビア］
112 EAR CUP 耳カップ ▶もっと大きい声で！［世界各地］.............. 40
113 EAR FLICK(1) 耳はじき(1) ▶彼は嫌いだ［ロシア］
114 EAR FLICK(2) 耳はじき(2) ▶彼は柔弱だ［イタリア］
115 EAR FLIP 耳飛ばし ▶文句を言うな［サウジアラビア］.............. 41
116 EAR GRASP 耳つかみ ▶警告［ギリシャ，トルコ］
117 EAR HOLD(1) 耳つまみ(1) ▶不信［スコットランド］
118 EAR HOLD(2) 耳つまみ(2) ▶たかり屋［スペイン，ロンドン］...... 42
119 EAR NIBBLE 耳たぶかじり ▶愛している［世界各地］
120 EAR PULL 耳引き ▶率直に言ってください！［ユダヤ人社会］
121 EAR RUB(1) 耳こすり(1) ▶聞きたくない［世界各地］.............. 43
122 EAR RUB(2) 耳こすり(2) ▶答えてほしいのか？［サウジアラビア］
123 EAR SCRATCH 耳掻き ▶困惑［世界各地］
124 EAR TAP 耳叩き ▶加護［トルコ］........................ 44
125 EAR THUMB(1) 耳親指(1) ▶ふざけた侮辱［世界各地］
126 EAR THUMB(2) 耳親指(2) ▶私にはお金がない［ポルトガル］
127 EAR TOUCH 耳タッチ ▶密告者［マルタ，イギリス］.............. 45
128 EAR TUG 耳引っ張り ▶柔弱［イタリア］
129 EAR WIGGLE ピクピク耳 ▶すばらしい！［ポルトガル，ブラジル］

【EARS 両耳】

241

130 EARS BLOCK 耳ふさぎ ▶音を立てるな！［世界各地］.............. 46
131 EARS COVER 耳覆い ▶音を立てるな！［世界各地］
132 EARS FAN 耳扇 ▶性的侮辱［シリア，サウジアラビア，レバノン］
133 EARS GRASP 両耳つかみ ▶自責の念［インド］.................... 47
134 EARS THUMB 両耳親指 ▶ふざけた侮辱［広範囲］

【ELBOW 肘】

135 ELBOW BANG 片肘突き ▶彼は欲張りだ［ウルグアイ］
136 ELBOW RAISE 片肘上げ ▶逆脅迫［ヨーロッパ］.................... 48
137 ELBOW TAP(1) 片肘叩き(1) ▶卑劣な［オランダ］
138 ELBOW TAP(2) 片肘叩き(2) ▶君はまぬけだ［ドイツ，オーストリア］
139 ELBOW TAP(3) 片肘叩き(3) ▶欲深い［南米］.................... 49
140 ELBOW TAP(4) 片肘叩き(4) ▶失せろ！［イタリア］
141 ELBOW TAP(5) 片肘叩き(5) ▶やめろ，畜生！［イタリア］

【ELBOWS 両肘】

142 ELBOWS FLAP 両肘はためき ▶臆病者［北米］.................... 50

【EYE 眼】

143 EYE RUB(1) 眼こすり(1) ▶詐欺だ［広範囲］
144 EYE RUB(2) 眼こすり(2) ▶無関心［ヨーロッパ］
145 EYE 'TELESCOPE' 望遠鏡 ▶彼女は美しい！［ブラジル］........... 51
146 EYE WINK ウィンク ▶共謀［西欧］
147 EYE WIPE 目頭拭き ▶あなたが私を悲しくさせる［広範囲］

【EYEBROW 眉】

148 EYEBROW COCK 片眉上げ ▶疑い［広範囲］...................... 52
149 EYEBROW SMOOTH 眉撫でつけ ▶同性愛者［広範囲］

【EYEBROWS 両眉】

150 EYEBROWS FLASH(1) 両眉瞬き(1) ▶挨拶［世界各地］
151 EYEBROWS FLASH(2) 両眉瞬き(2) ▶浮気心［広範囲］........... 53
152 EYEBROWS FLASH(3) 両眉瞬き(3) ▶いいえ！［ギリシャ］
153 EYEBROWS KNIT 両眉寄せ ▶深刻な心配事［世界各地］........... 54

【EYELID まぶた】

154 EYELID PULL(1) あかんべえ(1) ▶だまされないぞ［イギリス，スカンジ
　　ナビア，ドイツ，ベルギー，フランス，ポルトガル，旧ユーゴ，ギリシャ，
　　トルコ］

242

155 EYELID PULL(2) あかんべえ(2) ▶用心せよ［オランダ，スペイン，イタリア］.. 55

156 EYELID RUB まぶたこすり ▶邪視からの保護［中東］

157 EYELID TOUCH(1) まぶた触り(1) ▶君は愚かだ！［サウジアラビア］

158 EYELID TOUCH(2) まぶた触り(2) ▶彼女は美人だ！［南米］....... 56

159 EYELID TOUCH(3) まぶた触り(3) ▶私は誓う！［サウジアラビア］

【EYES 両目】

160 EYES 'BLIND' 両目隠し ▶真実であることを誓う［オランダ］

161 EYES CLOSE 両目閉じ ▶上流気取り［西欧］.................... 57

162 EYES FLAP 両目はためき ▶君は正気でない！［イタリア］

163 EYES FLUTTER まばたき ▶私は無邪気よ［西欧］

164 EYES RAISE 両目吊り上げ ▶激怒［広範囲］.................... 58

165 EYES RING 眼鏡 ▶見えてるよ！［広範囲］

166 EYES SIDE-GLANCE 横目使い ▶私ははにかみ屋よ［広範囲］

167 EYES STARE 凝視 ▶脅迫［広範囲］.......................... 59

168 EYES WEEP 涙流し ▶嘆き［世界各地］

【FACE 顔】

169 FACE COVER 顔隠し ▶ショックだ！［広範囲］.................... 60

170 FACE DOWN-RUB 顔撫で下ろし ▶くたばれ！［北アフリカ］

171 FACE SWIPE かっぱらい ▶気がおかしい［オランダ］

【FINGERNAILS 爪】

172 FINGERNAILS POLISH 爪磨き ▶何て私は賢いんだ！［欧米］....... 61

【FINGERS 指】

173 FINGERS BECKON 指招き ▶こっちへおいで［日本］

174 FINGERS CLAW かぎ爪 ▶軽蔑［サウジアラビア］.................... 62

175 FINGERS CLICK 指鳴らし ▶注意喚起［西欧，中東］

176 FINGERS COOL 指冷まし ▶恋愛遊戯［ヨーロッパ（イタリア）］

177 FINGERS CROSS(1) 指十字(1) ▶加護［イギリス，スカンジナビア］.. 63

178 FINGERS CROSS(2) 指十字(2) ▶友情［広範囲］

179 FINGERS CROSS(3) 指十字(3) ▶絶交だという脅し［南イタリア，トルコ］.. 64

180 FINGERS FLEX(1) 指曲げ(1) ▶お金［南米］

181 FINGERS FLEX(2) 指曲げ(2) ▶お金［南米］

182 FINGERS INTERLOCK(1) 指組み(1) ▶誓う［ミャンマー］......... 65

183 FINGERS INTERLOCK(2) 指組み(2) ▶お慈悲を［広範囲］

243

184 FINGERS SHAKE 指揺すり ▶後悔 [南米]

185 FINGERS SHUT 指閉じ ▶黙れ！ [フランス] 66

186 FINGERS SPREAD 指広げ ▶彼は愚かだ [南米]

187 FINGERS STEEPLE 指尖塔 ▶考え中 [広範囲]

188 FINGERS 'TALK'(1) 指話(1) ▶おしゃべりな人 [広範囲] 67

189 FINGERS 'TALK'(2) 指話(2) ▶おしゃべりな人 [イタリア]

190 FINGERS WAVE(1) 指振り(1) ▶こんにちは／さようなら [広範囲]

191 FINGERS WAVE(2) 指振り(2) ▶こんにちは／さようなら [広範囲] . . 68

192 FINGERS WAVE(3) 指振り(3) ▶こんにちは／さようなら [イタリア]

【FINGERTIPS 指先】

193 FINGERTIPS FAN 指扇 ▶立ち去れ！ [エジプト]

194 FINGERTIPS KISS(1) 指先キス(1) ▶賞賛 [ヨーロッパ(フランス)] . . 69

195 FINGERTIPS KISS(2) 指先キス(2) ▶挨拶 [ヨーロッパ] 70

196 FINGERTIPS KISS(3) 指先キス(3) ▶あなたを愛している [広範囲]

197 FINGERTIPS RUB 指先こすり ▶お金 [広範囲] 71

198 FINGERTIPS SQUEEZE 指先絞り ▶君は臆病だ！ [ジプシー社会]

199 FINGERTIPS STRUM 指先鳴らし ▶いらいらしている [世界各地]

200 FINGERTIPS TOUCH 指先接触 ▶旅立ちの予言 [ベドウィン族] 72

【FIST こぶし】

201 FIST BEAT こぶし打ち ▶勝利 [西欧]

202 FIST CLENCH(1) 握りこぶし(1) ▶力 [広範囲]

203 FIST CLENCH(2) 握りこぶし(2) ▶けちな [日本] 73

204 FIST CLENCH(3) 握りこぶし(3) ▶卑猥な侮辱 [パキスタン]

205 FIST JERK こぶし動かし ▶自慰 [西欧]

206 FIST PUMP こぶしポンプ ▶とんでもない！ [南米] 74

207 FIST PUNCH こぶしパンチ ▶力強い強調 [世界各地]

208 FIST RAISE こぶし上げ ▶勝利！

209 FIST SHAKE(1) こぶし振り(1) ▶脅迫 [世界各地] 75

210 FIST SHAKE(2) こぶし振り(2) ▶我々の勝利だ！ [広範囲]

211 FIST SIDE-SHAKE こぶし横振り ▶闘争 [コロンビア]

212 FIST SLAP こぶし打ち ▶性的侮辱 [イタリア, フランス, スペイン, 南米,
北米] 76

213 FIST TWIST こぶしねじり ▶邪悪な霊に対する脅かし [サウジアラビア]

【FISTS 両こぶし】

214 FISTS CLENCH 両こぶし握り ▶お前を絞め殺す [シリア]

215 FISTS DIP 両こぶし浸し ▶幸運を祈る [ドイツ] 77

244

216 FISTS RAISE 両こぶし上げ ▶勝利［広範囲］

217 FISTS WRING 両こぶし絞り ▶怒り［欧米］

【FOOT 足】

218 FOOT JIGGLE 足揺らし ▶退屈だ［世界各地］..................... 78

219 FOOT KISS 足元キス ▶謙遜を表わす挨拶［バチカン市国］

220 FOOT LOCK（1） 足固定（1） ▶不安［広範囲］.................. 79

221 FOOT LOCK（2） 足固定（2） ▶不安［世界各地］

222 FOOT SHOW 足裏見せ ▶侮辱［サウジアラビア，エジプト，シンガポール，タイ］

223 FOOT TAP 足鳴らし ▶我慢できない［広範囲］.................... 80

【FOREARM 前腕】

224 FOREARM CLASP 前腕つかみ ▶挨拶［古代ローマ］

225 FOREARM JERK（1） 前腕上げ（1） ▶性的侮辱［広範囲］........... 81

226 FOREARM JERK（2） 前腕上げ（2） ▶性的ほめことば［イギリス］

227 FOREARM THRUST（1） 前腕突き出し（1） ▶性的侮辱［イタリア］

228 FOREARM THRUST（2） 前腕突き出し（2） ▶性的侮辱［イタリア］.... 82

229 FOREARM THRUST（3） 前腕突き出し（3） ▶性的侮辱［レバノン，シリア］

【FOREFINGER 人さし指】

230 FOREFINGER BEAT 人さし指振り ▶穏やかな脅迫［世界各地］

231 FOREFINGER BECKON 人さし指招き ▶こっちへ来い［広範囲］..... 83

232 FOREFINGER BITE（1） 指噛み（1） ▶私は怒っている［イタリア］

233 FOREFINGER BITE（2） 指噛み（2） ▶すみません［サウジアラビア］... 84

234 FOREFINGER BITE（3） 指噛み（3） ▶幸運［レバノン，シリア，サウジアラビア］

235 FOREFINGER BLOW 指吹き ▶静かに！［サウジアラビア］

236 FOREFINGER CROOK 指鍵 ▶彼はイスラム教徒ではない［サウジアラビア］

237 FOREFINGER CROSS 人さし指十字 ▶私は誓う［イタリア］........ 85

238 FOREFINGER DIP 指浸し ▶いいえ［北米（インディアン）］

239 FOREFINGER EXTEND 指伸ばし ▶小さい［イタリア，中東，南米］

240 FOREFINGER HOOK 指掛け ▶泥棒［日本］..................... 86

241 FOREFINGER HOP 指跳び ▶明日［広範囲，地中海地域］

242 FOREFINGER INSERT 指入れ ▶性交［広範囲，欧米，中東］

243 FOREFINGER KISS 指キス ▶あなたにキスを捧げます［南イタリア］.. 87

244 FOREFINGER LICK 指嘗め ▶私の得点［西欧］

245 FOREFINGER POINT（1） 指さし（1） ▶方向を示す［世界各地］

246 FOREFINGER POINT（2） 指さし（2） ▶脅迫［世界各地］............. 88

247 FOREFINGER PRESS 指押し ▶あっちへ行け！［スペイン］

248 FOREFINGER RAISE(1) 指上げ(1) ▶すみません！［広範囲］........ 89

249 FOREFINGER RAISE(2) 指上げ(2) ▶神に誓う［広範囲］

250 FOREFINGER RAISE(3) 指上げ(3) ▶私が一番だ！［西欧］

251 FOREFINGER RAISE(4) 指上げ(4) ▶注意して！［世界各地］........ 90

252 FOREFINGER SLOT 指差し入れ ▶性的論評［南米］

253 FOREFINGER STAB 人さし指刺し ▶お前にできるものか［ヨルダン，レ
バノン］

254 FOREFINGER STRADDLE 指またがり ▶侮辱［サウジアラビア］..... 91

255 FOREFINGER SUCK(1) 指しゃぶり(1) ▶後悔［広範囲］

256 FOREFINGER SUCK(2) 指しゃぶり(2) ▶もうお金がない［アラブ諸国］

257 FOREFINGER TIPS-TOUCH 指先タッチ ▶父親が五人［サウジアラビア］
.... 92

258 FOREFINGER WAG 人さし指振り ▶だめ！［広範囲］

【FOREFINGER-AND-MIDDLE-FINGER 人さし指・中指】

259 FOREFINGER-AND-MIDDLE-FINGER CROSS 指交差 ▶誓う［南イタリア］

260 FOREFINGER-AND-MIDDLE-FINGER POINT 銃 ▶バン，お前は死んだ［広
範囲］... 93

261 FOREFINGER-AND-MIDDLE-FINGER RAISE 指立て ▶祝福［カトリック
教国］

262 FOREFINGER-AND-MIDDLE-FINGER SHOW 指見せ ▶友情［サウジアラ
ビア］

263 FOREFINGER-AND-MIDDLE-FINGER 'SMOKE' 指煙草 ▶煙草，持って
る？［世界各地］... 94

264 FOREFINGER-AND-MIDDLE-FINGER STAB 指刺し ▶脅迫［広範囲］

265 FOREFINGER-AND-MIDDLE-FINGER THRUST 指突き出し ▶くたばれ
［ギリシャ］

【FOREFINGERS 人さし指（複数）】

266 FOREFINGERS AIM 指ねらい ▶意見の不一致［スペイン，アメリカ大陸
のスペイン語圏］... 95

267 FOREFINGERS CONTACT(1) 指付け(1) ▶同意！［中東］

268 FOREFINGERS CONTACT(2) 指付け(2) ▶親しい友人［北米］

269 FOREFINGERS HOOK(1) 指掛け(1) ▶敵［モロッコ］.............. 96

270 FOREFINGERS HOOK(2) 指掛け(2) ▶友達［広範囲］

271 FOREFINGERS LINK 指つなぎ ▶結婚［南米］

272 FOREFINGERS RUB(1) 指さすり(1) ▶友情［中東］.............. 97

273 FOREFINGERS RUB(2) 指さすり(2) ▶恥を知れ！［北米］

246

274 FOREFINGERS SCRAPE(1) 指こすり(1) ▶侮辱［ウェールズ，ドイツ，オーストリア］

275 FOREFINGERS SCRAPE(2) 指こすり(2) ▶賄賂［コロンビア］...... 98

276 FOREFINGERS 'SHARPEN' 指研ぎ ▶侮辱［オランダ］

277 FOREFINGERS TAP(1) 指叩き(1) ▶緊張関係［日本］

278 FOREFINGERS TAP(2) 指叩き(2) ▶一緒に寝よう［エジプト］...... 99

279 FOREFINGERS TAP(3) 指叩き(3) ▶結婚［南イタリア，ギリシャ］

280 FOREFINGERS UNHOOK 指外し ▶我々の友情は終わった［広範囲］

【FOREHEAD 額】

281 FOREHEAD KISS 額キス ▶多大な尊敬［アラブ文化圏］............ 100

282 FOREHEAD KNOCK 額叩き ▶頑固［フランス］

283 FOREHEAD PRESS 額押し ▶めまいがする［西欧（演劇）］

284 FOREHEAD RUB 額さすり ▶お前に呪いを！［ヨルダン］......... 101

285 FOREHEAD SALAAM 額手礼(額型) ▶尊敬［アラブ文化圏］

286 FOREHEAD SCRUB 額みがき ▶愚か者［アメリカインディアン］

287 FOREHEAD SLAP 額打ち ▶私は何て愚かなんだ！［広範囲］....... 102

288 FOREHEAD TAP(1) 額叩き(1) ▶気が変だ！［広範囲］

289 FOREHEAD TAP(2) 額叩き(2) ▶聡明さ［広範囲（欧米）］

290 FOREHEAD TAP(3) 額叩き(3) ▶気が変だ！［広範囲（地中海地域）］.. 103

291 FOREHEAD TAP(4) 額叩き(4) ▶気が変だ！［広範囲（地中海地域）］

292 FOREHEAD TAP(5) 額叩き(5) ▶気が変だ！［イタリア（ナポリ）］

293 FOREHEAD WIPE 額拭き ▶幸運にも抜け出せた！［西欧］......... 104

294 FOREHEAD-AND-CHEST SALAAM 額手礼(額・胸型) ▶尊敬を込めた挨拶［アラブ文化圏］

【HAIR 頭髪】

295 HAIR CLASP 頭髪握り ▶何て私はばかなの！［広範囲］............ 105

296 HAIR GROOM 頭髪整え ▶あなたは魅力的だわ［広範囲］

297 HAIR PLUCK 頭髪抜き ▶約束［スペイン］

298 HAIR RAISE 頭髪上げ ▶いらだち［スペイン］.................... 106

【HAND 手】

299 HAND BECKON(1) 手招き(1) ▶こっちへ来て！［イギリス，スカンジナビア，オランダ，ベルギー，ドイツ，オーストリア，フランス，旧ユーゴ］

300 HAND BECKON(2) 手招き(2) ▶こっちへ来て！［スペイン，ポルトガル，イタリア，マルタ，チュニジア，ギリシャ，トルコ］

301 HAND CHOP(1) 手切り(1) ▶議論を明確に切る［世界各地］....... 107

302 HAND CHOP(2) 手切り(2) ▶脅し［イタリア］

247

303 HAND CHOP(3) 手切り(3) ▸脅迫［アラブ文化圏（北アフリカ），イタリア］
.... 108

304 HAND CIRCLE(1) 手回し(1) ▸電話ですよ［欧米］

305 HAND CIRCLE(2) 手回し(2) ▸映画撮影［西欧］

306 HAND CRADLE 手揺りかご ▸分からない［北アフリカ］............ 109

307 HAND CUP(1) 手カップ(1) ▸性的侮辱［ラテンアメリカ］

308 HAND CUP(2) 手カップ(2) ▸私は不幸せだ［ラテンアメリカ］

309 HAND 'DRINK' 手飲み ▸飲む［世界各地］........................ 110

310 HAND FAN(1) 手扇(1) ▸とても暑い［広範囲］

311 HAND FAN(2) 手扇(2) ▸いいえ［日本］

312 HAND FIG(1) イチジク(1) ▸性交［ベルギー，オランダ，デンマーク，ド
イツ，フランス，ギリシャ，トルコ，コルフ］.................... 111

313 HAND FIG(2) イチジク(2) ▸加護［ポルトガル，ブラジル，シシリー］

314 HAND FIG(3) イチジク(3) ▸お前の鼻を取ってしまったよ！［ヨーロッパ］

315 HAND FLAP 手揺らし ▸去れ！［広範囲］........................ 112

316 HAND FLICK-DOWN 手振り下ろし ▸消え失せろ！［オランダ］

317 HAND FLICK-UP(1) 手振り上げ(1) ▸消え失せろ！［ベルギー，フランス，
スペイン，イタリア，チュニジア，旧ユーゴ，ギリシャ］

318 HAND FLICK-UP(2) 手振り上げ(2) ▸出発［フランス，ベルギー］.. 113

319 HAND FLOP 手倒し ▸怒ってないよ［広範囲］

320 HAND FOLD 手畳み ▸よい［コルフ，ギリシャ，トルコ］.......... 114

321 HAND 'GOITRE' 甲状腺腫 ▸不信［南米］

322 HAND HOLD 手つなぎ ▸友情［中東，地中海沿岸諸国，アジアの一部］

323 HAND HORN-SIGN(1)VERTICAL 角サイン(1) 垂直型 ▸妻を寝取られた夫
［南欧，地中海沿岸（スペイン，ポルトガル，イタリア，マルタ）］... 115

324 HAND HORN-SIGN(2)HORIZONTAL 角サイン(2) 水平型 ▸邪視に対す
る魔除け［イタリア，マルタ］

325 HAND HORN-SIGN(3)ROTATE 角サイン(3) 回転型 ▸悪運に対する魔除
け［南米］.. 116

326 HAND HORN-SIGN(4) 角サイン(4) ▸テキサス大学［テキサス］

327 HAND JAB 手突き ▸主張［世界各地］........................... 117

328 HAND KISS 手キス ▸尊敬を込めた挨拶［西欧（ラテン系）］

329 HAND LOZENGE 片手菱形 ▸膣［レバノン，シリア］.............. 118

330 HAND MEASURE 手測り ▸子供は？［広範囲］

331 HAND PECK 手くちばし ▸猥褻［サウジアラビア，レバノン，リビア］

332 HAND 'PROW' 手へさき ▸謝罪［日本］.......................... 119

333 HAND PURSE(1) 手すぼめ(1) ▸質問［イタリア］

334 HAND PURSE(2) 手すぼめ(2) ▸よい［コルフ，ギリシャ，トルコ］.. 120

335 HAND PURSE(3) 手すぼめ(3) ▸とてもよい！（皮肉）［マルタ］

336 HAND PURSE(4) 手すぼめ(4) ▶恐れ［ベルギー，フランス，ポルトガル］

337 HAND PURSE(5) 手すぼめ(5) ▶多数［旧ユーゴ，スペイン，カナリー諸島，南米（スペイン語圏）］ 121

338 HAND PURSE(6) 手すぼめ(6) ▶気をつけろ［チュニジア，北アフリカと中東のアラブ文化圏］

339 HAND PURSE(7) 手すぼめ(7) ▶お腹が空いた［世界各地］

340 HAND RING(1) 手輪っか(1) ▶オーケー，よい［欧米］. 122

341 HAND RING(2) 手輪っか(2) ▶性的侮辱［ドイツ，サルジニア，マルタ，チュニジア，ギリシャ，トルコ，ロシア，中東，南米の一部］

342 HAND RING(3) 手輪っか(3) ▶ゼロ［ベルギー，フランス，チュニジア］
. . . . 123

343 HAND RING(4) 手輪っか(4) ▶お金［日本］

344 HAND RING(5) 手輪っか(5) ▶完全［南米］

345 HAND RING(6) 手輪っか(6) ▶何を言っているのか？［イタリア］. . . 124

346 HAND RING(7) 手輪っか(7) ▶公正［イタリア］

347 HAND RING-JERK 手輪っか引き ▶性的侮辱［イギリス］

348 HAND RING-KISS 手輪っかキス ▶おいしい［ヨーロッパ（フランス）］
. . . . 125

349 HAND RING SIDE-PULL(1) 手輪っか横引き(1) ▶おいしい［オランダ］

350 HAND RING SIDE-PULL(2) 手輪っか横引き(2) ▶彼女は美しい！［イタリア（ナポリ）］

351 HAND ROTATE(1) 手回転(1) ▶多かれ少なかれ［ヨーロッパ，アラブ諸国］
. . . . 126

352 HAND ROTATE(2) 手回転(2) ▶何か疑わしいことがある［スペイン，ドイツ，オーストリア］

353 HAND ROTATE(3) 手回転(3) ▶同性愛［コロンビア］

354 HAND SALUTE 敬礼 ▶軍人の挨拶［広範囲］

355 HAND SAW 手鋸 ▶汚職［南米］. 127

356 HAND SCOOP 手ひしゃく ▶泥棒！［南イタリア］

357 HAND SCREW 手ねじり ▶性的論評［レバノン，シリア］. 128

358 HAND SHAKE(1) 握手(1) ▶出会いと別れの挨拶［世界各地］

359 HAND SHAKE(2) 握手(2) ▶おめでとう［広範囲］. 129

360 HAND SHAKE(3) 握手(3) ▶契約を結ぶ［広範囲］

361 HAND SHAKE(4) 握手(4) ▶出会いと別れの挨拶［広範囲（外交，政治，ビジネス）］

362 HAND SHAKE(5) 握手(5) ▶出会いと別れの挨拶［広範囲（外交，政治，ビジネス）］. 130

363 HAND SHAKE(6) 握手(6) ▶出会いと別れの挨拶［広範囲（外交，政治，ビジネス）］

249

364 HAND SLAP(1) 平手打ち(1) ▶ばかな間違いをした［イギリス］.... 131

365 HAND SLAP(2) 平手打ち(2) ▶軽蔑する［サウジアラビア］

366 HAND SWEEP 手掃き ▶泥棒［南米］

367 HAND SWIVEL 手旋回 ▶彼は気が変だ！［南イタリア］............ 132

368 HAND THRUST 手突き出し ▶彼女は売春婦だ［南米］

369 HAND TOSS 手投げ ▶消え失せろ！［フランス］

370 HAND TURN 手返し ▶侮辱［レバノン，シリア］.................. 133

371 HAND V-SIGN(1) Ｖサイン(1) ▶勝利［世界各地］

372 HAND V-SIGN(2) Ｖサイン(2) ▶侮辱［イギリス，マルタ］

373 HAND WAG 片手揺らし ▶いいえ！［広範囲］.................... 135

374 HAND WAVE(1) 片手振り(1) ▶こんにちは／さようなら／助けて［一般的
（イタリアは除く）］

375 HAND WAVE(2) 片手振り(2) ▶こんにちは／さようなら［一般的（イタ
リアは除く）］.. 136

376 HAND WAVE(3) 片手振り(3) ▶こんにちは／さようなら［イタリア］

377 HAND 'WRITE' 手書き ▶請求書を持ってきて［西欧］.............. 137

【HANDS　両手】

378 HANDS CLASP 両手組み ▶嘆願［イタリア］

379 HANDS CLASP-RAISE 握手上げ ▶出会いの挨拶［アフリカ（バントゥー族）］

380 HANDS CROSS 両手交差 ▶いいえ［広範囲］.................... 138

381 HANDS 'DONKEY'(1) ロバ(1) ▶彼は愚かだ［イタリア］

382 HANDS 'DONKEY'(2) ロバ(2) ▶彼は愚かだ［イタリア］

383 HANDS 'FLUTE' フルート ▶私は退屈だ［フランス］.............. 139

384 HANDS HORN-SIGN(1) 両角サイン(1) ▶寝取られ夫［地中海地域］

385 HANDS HORN-SIGN(2) 両角サイン(2) ▶嫉妬［日本］

386 HANDS 'LOZENGE' 両手菱形 ▶売春婦［南米］.................... 140

387 HANDS 'ORIFICE' 両手穴 ▶性的侮辱［ナポリ］

388 HANDS PRAY-SHAKE 振り祈り ▶何をしてほしいのか［イタリア］

389 HANDS RAISE-CLASP 両手握り上げ ▶勝利！［アメリカ，広範囲］.. 141

390 HANDS ROLL 両手巻き ▶厄介な問題がある［南米］

391 HANDS SCISSOR 両手鋏 ▶もう終わりだ！［世界各地］

392 HANDS SHRUG(1) 両手すくめ(1) ▶否認［西欧，広範囲］........ 142

393 HANDS SHRUG(2) 両手すくめ(2) ▶ごまかし［西欧，広範囲］

394 HANDS 'THROTTLE' 絞り弁 ▶お前の喉を締めるぞ！［広範囲］..... 143

395 HANDS T-SIGN(1) Ｔサイン(1) ▶休憩［アメリカ，広範囲］

396 HANDS T-SIGN(2) Ｔサイン(2) ▶休憩［ペルー］

397 HANDS T-SIGN(3) Ｔサイン(3) ▶一緒にやろうという誘い［イタリア］
.... 144

250

398 HANDS WRING 両手握り ▶どうぞ助けて！［世界各地］

【HAT 帽子】

399 HAT RAISE 帽子上げ ▶挨拶［西欧］
400 HAT TIP 帽子持ち上げ ▶挨拶［西欧］ 145

【HEAD 頭】

401 HEAD BECKON 頭招き ▶こっちへ来なさい！［広範囲］
402 HEAD CLAMP 頭留め ▶優越［北米］. 146
403 HEAD NOD うなずき ▶はい！［世界各地］
404 HEAD PAT 頭撫で ▶小さな子供への親しみを込めた挨拶［広範囲（極東以
     外，タイではタブー）］. 147
405 HEAD ROLL(1) 頭揺れ(1) ▶肯定，いや否定［東欧，中欧］
406 HEAD ROLL(2) 頭揺れ(2) ▶はい！［ブルガリア，インド，パキスタン］
407 HEAD SCRATCH 頭掻き ▶困った［広範囲］. 148
408 HEAD SHAKE 頭振り ▶いいえ！［広範囲］
409 HEAD SIDE-TURN 頭横曲げ ▶いいえ！［エチオピア］. 149
410 HEAD SLAP 平手打ち ▶私は何てばかなんだろう！［広範囲（中欧,東欧)］
411 HEAD SUPPORT 頭支え ▶退屈［世界各地］
412 HEAD TAP 頭叩き ▶もうたくさんだ［南米］. 150
413 HEAD TOSS(1) 頭上げ(1) ▶いいえ！［アラブ社会，ギリシャ，トルコ，
     イタリア］
414 HEAD TOSS(2) 頭上げ(2) ▶はい！［エチオピア］. 151

【HEART 胸】

415 HEART CLASP(1) 胸握り(1) ▶あなたを愛している［広範囲］
416 HEART CLASP(2) 胸握り(2) ▶忠誠［アメリカ］
417 HEART CROSS 胸部十字 ▶私は真実を述べている［キリスト教国］. . 152
418 HEART PAT 胸部叩き ▶助けが必要だ［中東］
419 HEART PRESS 胸部押し ▶深い尊敬［台湾］. 153

【HEELS 踵】

420 HEELS CLICK 踵クリック ▶尊敬を込めた挨拶［ドイツ，オーストリア，
     アルゼンチン］

【HIPS 腰】

421 HIPS JERK 腰突き出し ▶性的猥褻さ［広範囲］

【KNEE 膝】

251

422 KNEE KNEEL 片膝跪き ▶正式な従属の形［ヨーロッパ (稀)］....... 154
423 KNEE SCRATCH 膝掻き ▶幸運［南米］

【KNEES 両膝】

424 KNEES CLASP 膝つかみ ▶もう立ち去るところだ［世界各地］
425 KNEES KNEEL 両膝跪き ▶正式な従属［広範囲］.................. 155

【KNUCKLE 指関節】

426 KNUCKLE KISS 指関節キス ▶感謝の気持ち［アラブ文化圏］
427 KNUCKLE RUB 指関節こすり ▶性的関心［中東］
428 KNUCKLE STRIKE 指関節打ち ▶やれるものならやってみろ！［トルコ］
.... 156
429 KNUCKLE TOUCH-WOOD 木触り ▶加護［広範囲 (イギリス)］

【LEG 足】

430 LEG CLAMP 足留め ▶頑固［広範囲］............................ 157
431 LEG STROKE 足撫で ▶あなたは魅力的だ［広範囲］

【LEGS 両足】

432 LEGS CROSS(1) ANKLE-ANKLE 両足組み(1) 足首・足首型 ▶礼儀正し
いくつろぎ［世界各地］....................................... 158
433 LEGS CROSS(2) KNEE-KNEE 両足組み(2) 膝・膝型 ▶とてもくつろい
でいる［世界各地］
434 LEGS CROSS(3) ANKLE-KNEE 両足組み(3) 足首・膝型 ▶男らしいく
つろぎ［欧米］.. 159
435 LEGS CURTSEY 跪き会釈 ▶正式な従属［ヨーロッパ (稀)］
436 LEGS TWINE 両足寄り合わせ ▶女らしいくつろぎ［広範囲］........ 160

【LIP 唇】

437 LIP BITE 唇噛み ▶私は怒っている［広範囲］
438 LIP TOUCH 唇触り ▶話がしたい［ギリシャ］

【LIPS 両唇】

439 LIPS KISS(1) 唇キス(1) ▶愛情［世界各地］..................... 161
440 LIPS KISS(2) 唇キス(2) ▶彼女はセクシーだ！［広範囲］
441 LIPS LICK 唇嘗め ▶キスして［南米，北米］..................... 162
442 LIPS POINT 唇指し ▶方向指示［フィリピン，中南米，アフリカ部族，ア
メリカインディアン］
443 LIPS SEAL 唇封印 ▶口をきくな！［南イタリア］

252

444 LIPS TOUCH 唇触れ ▶静かに！［広範囲］........................ 163

445 LIPS ZIP 唇締め ▶秘密を守れ［アメリカ大陸］

【LITTLE-FINGER 小指】

446 LITTLE-FINGER ERECT（1）小指立て（1）▶悪い［バリ］

447 LITTLE-FINGER ERECT（2）小指立て（2）▶小さな陰茎［広範囲（地中海地域）］........................ 164

448 LITTLE-FINGER ERECT（3）小指立て（3）▶痩せている［ヨーロッパ, 南米］

449 LITTLE-FINGER ERECT（4）小指立て（4）▶女［日本］

450 LITTLE-FINGER ERECT（5）小指立て（5）▶あなたの秘密を知っている［ヨーロッパ（フランス）］........................ 165

【LITTLE-FINGERS 小指（複数）】

451 LITTLE-FINGERS HOOK（1）小指掛け（1）▶彼はずるい！［イタリア（ナポリ）］

452 LITTLE-FINGERS HOOK（2）小指掛け（2）▶友情［広範囲（アラブの子供）］

453 LITTLE-FINGERS SAW 小指鋸 ▶彼らは敵だ［中東］............... 166

454 LITTLE-FINGERS UNHOOK 小指外し ▶我々は敵だ［アラブ文化圏］

【MIDDLE-FINGER 中指】

455 MIDDLE-FINGER BEND 中指曲げ ▶侮辱［ロシア］

456 MIDDLE-FINGER DOWN-PROD 中指下突き ▶性的侮辱［アラブ文化圏］........................ 167

457 MIDDLE-FINGER ERECT 中指立て ▶性的侮辱［エジプト］

458 MIDDLE-FINGER FLICKER 中指ちらつき ▶君は蛇の舌を持っている［パンジャブ地方］

459 MIDDLE-FINGER JERK（1）中指突き（1）▶性的侮辱［広範囲（アメリカ）］........................ 168

460 MIDDLE-FINGER JERK（2）中指突き（2）▶性的侮辱［レバノン, シリア］

461 MIDDLE-FINGER JERK（3）中指突き（3）▶性的侮辱［スペイン, ポルトガル, イタリア］

462 MIDDLE-FINGER PRESS 中指押し ▶脅迫［サウジアラビア］....... 169

463 MIDDLE-FINGER SUCK 中指吸い ▶性的侮辱［サウジアラビア］

【MIDDLE-FINGERS 中指（複数）】

464 MIDDLE-FINGERS PRESS 中指合わせ ▶彼女と寝たことがある［サウジアラビア］........................ 170

【MOUSTACHE 口ひげ】

253

465 MOUSTACHE TWIDDLE 口ひげねじり ▶彼女は美しい！［イタリア（ナポリ），ギリシャ］

【MOUTH 口】

466 MOUTH CLASP 口留め ▶あんなことを言うべきではなかった！［広範囲（欧米）］

467 MOUTH FAN 口扇 ▶口が熱い！［広範囲］. 171

468 MOUTH FIST 口こぶし ▶喉が乾いている［サウジアラビア］

469 MOUTH SALAAM 額手礼（口型）▶尊敬［アラブ文化圏］

470 MOUTH SHRUG 口すくめ ▶否認［西欧（フランス）］. 172

471 MOUTH SMILE 微笑み ▶喜び［世界各地］

472 MOUTH-AND-FOREHEAD SALAAM 額手礼（口・額型）▶尊敬［アラブ文化圏］. 173

【NAIL 爪】

473 NAIL BITE 爪噛み ▶心配だ［広範囲］

【NECK 首】

474 NECK CLAMP 首締め ▶私は怒っている［世界各地］. 174

475 NECK CLASP 首握り ▶何という災難だ！［ユダヤ人社会］

476 NECK FLICK 首はじき ▶一緒に飲もう［ポーランド］

477 NECK KISS 首キス ▶愛している［広範囲］. 175

478 NECK RUB 首撫で ▶性的関心［レバノン］

479 NECK SCRATCH 首掻き ▶半信半疑［広範囲］

480 NECK TAP 首叩き ▶同性愛者［レバノン］. 176

【NOSE 鼻】

481 NOSE BITE 鼻噛み ▶性的興奮［トロブリアンド諸島］

482 NOSE BRUSH 鼻かすり ▶我々はうまくいっていない［ギリシャ］

483 NOSE CIRCLE(1) 鼻輪(1) ▶同性愛者［北米］

484 NOSE CIRCLE(2) 鼻輪(2) ▶君はごますりだ［北米］. 177

485 NOSE CLASP-RUB 鼻こすり ▶賢い［イタリア］

486 NOSE DRILL 鼻ドリル ▶やれるものならやってみろ！［ギリシャ］

487 NOSE FAN 鼻扇 ▶嫌な匂い！［南米］. 178

488 NOSE FLARE 鼻広げ ▶怒り［世界各地］

489 NOSE FLICK 鼻はじき ▶同性愛者［シリア，レバノン］

490 NOSE HOLD 鼻押さえ ▶悪い！［広範囲］. 179

491 NOSE HOOK 鼻鉤 ▶公然たる反抗［サウジアラビア］

492 NOSE KISS 鼻キス ▶悪かった［サウジアラビア］

493 NOSE LIFT 鼻上げ ▶簡単さ！［フランス］..................... 180

494 NOSE PICK 鼻ほじくり ▶侮辱［リビア，シリア］

495 NOSE PINCH 鼻つまみ ▶むかつく！［西欧（子供の間で）］

496 NOSE POINT 鼻指し ▶私［日本］............................ 181

497 NOSE PULL 鼻引き ▶お前を罰するよ［南米］

498 NOSE PUSH（1） 鼻押し（1） ▶攻撃するという脅迫［サウジアラビア］

499 NOSE PUSH（2） 鼻押し（2） ▶人種差別的侮辱［サウジアラビア］.... 182

500 NOSE ROCK 鼻揺すり ▶友情［サウジアラビア］

501 NOSE RUB（1） 鼻こすり（1） ▶友情を込めた歓迎［ニュージーランド（マ
    オリ族），フィンランド（サーミ族），北アフリカとアラビア（ベドウィン族），
    マレー人，ポリネシア人，メラネシア人，エスキモー人］

502 NOSE RUB（2） 鼻こすり（2） ▶女性への性的誘い［ヨルダン］........ 183

503 NOSE SCREW（1） 鼻ひねり（1） ▶酔っ払い［フランス］

504 NOSE SCREW（2） 鼻ひねり（2） ▶気にするな！［東アフリカ］...... 184

505 NOSE SNIFF 鼻すすり ▶コカイン［ペルー］

506 NOSE SNUB 鼻突き ▶結構だ，関わりたくないね［中欧，東欧］

507 NOSE STROKE（1） 鼻撫で（1） ▶私は無一文だ［ポルトガル，スペイン］
    185

508 NOSE STROKE（2） 鼻撫で（2） ▶彼はけちだ［オランダ］

509 NOSE TAP（1） 鼻叩き（1） ▶共謀［英語圏，イタリア語圏］

510 NOSE TAP（2） 鼻叩き（2） ▶警戒せよ！［イタリア］............... 186

511 NOSE TAP（3） 鼻叩き（3） ▶干渉するな！［イギリス（ウェールズ）］

512 NOSE TAP（4） 鼻叩き（4） ▶用心している！［ベルギー（フラマン語地域）］

513 NOSE TAP（5） 鼻叩き（5） ▶彼は賢い！［南イタリア］

514 NOSE TAP（6） 鼻叩き（6） ▶脅迫［広範囲］........................ 187

515 NOSE THUMB（1） ONE-HANDED 鼻親指（1） 片手型 ▶嘲り［広範囲］

516 NOSE THUMB（2） TWO-HANDED 鼻親指（2） 両手型 ▶嘲り［広範囲］
    188

517 NOSE TIP-TOUCH 鼻先触り ▶約束する［リビア，サウジアラビア，シリア］

518 NOSE TOUCH 鼻触り ▶（無意識に）私は何かを隠している［世界各地］
    189

519 NOSE TRIPLE-TOUCH 鼻三回触り ▶友好的歓迎［サウジアラビア］

520 NOSE TWIST 鼻ねじり ▶不賛成［世界各地］..................... 190

521 NOSE UP 鼻上げ ▶優越［世界各地］

522 NOSE V 鼻Vサイン ▶猥褻な侮辱［サウジアラビア，メキシコ］..... 191

523 NOSE WIGGLE 鼻動かし ▶どうしたの？［プエルトリコ］

524 NOSE WIPE 鼻拭き ▶遅すぎる！［フランス］

525 NOSE WOBBLE 鼻揺らし ▶私は君を信用していない［南イタリア］.. 192

526 NOSE WRINKLE 鼻しわ寄せ ▶嫌悪感［世界各地］

【PALM 手のひら】

527 PALM CUP 手のひらカップ ▸否認［フランス］

528 PALM DOWN 手のひら下げ ▸申し分ない［南米］................... 193

529 PALM FLIP 手のひら返し ▸誓いを立てる［リビア，レバノン，シリア］

530 PALM GRIND(1) 手のひら回し(1) ▸猥褻［レバノン］

531 PALM GRIND(2) 手のひら回し(2) ▸お前はやり込められた！［スペイン］
.... 194

532 PALM HIGH-SLAP 手のひら打ち合わせ ▸おめでとう［アメリカ］

533 PALM KISS 手のひらキス ▸愛している［広範囲］................... 195

534 PALM LOWER 手のひら抑え ▸どうぞ，抑えて［広範囲］

535 PALM PLUCK 手のひら引き ▸怠け者！［フランス］

536 PALM POINT 手のひら指し ▸疑惑［イスラエル，ユダヤ人社会］.... 196

537 PALM PUNCH(1) 手のひらパンチ(1) ▸怒り［広範囲］

538 PALM PUNCH(2) 手のひらパンチ(2) ▸性交への誘い［中東］

539 PALM PUNCH(3) 手のひらパンチ(3) ▸賛成だ！［西アフリカ］..... 197

540 PALM SCRAPE 手のひら掻き ▸お金［広範囲（南米）］

541 PALM SCREW 手のひらねじり ▸性的侮辱［中東］

542 PALM SHOW 手のひら見せ ▸誓う！［広範囲］

543 PALM SLAP 手のひら叩き ▸祝賀［アメリカ，世界各地］........... 198

544 PALM THRUST 手のひら突き出し(片手型) ▸失せろ！［ギリシャ］

545 PALM THUMB 手のひら親指 ▸お前が払え！［オランダ］........... 199

546 PALM TICKLE 手のひらくすぐり ▸性交の誘い［広範囲］

547 PALM UP(1) 手のひら上げ(1)(片手型) ▸どうぞお恵みを［世界各地］

548 PALM UP(2) 手のひら上げ(2)(片手型) ▸全部払え！［世界各地］... 200

【PALMS 両手のひら】

549 PALMS BACK 手のひら返し ▸君を抱きしめる［世界各地］

550 PALMS BRUSH 手のひら払い ▸終わった［広範囲］

551 PALMS CONTACT(1) 手のひら合わせ(1) ▸祈り［広範囲（西欧）］.. 201

552 PALMS CONTACT(2) 手のひら合わせ(2) ▸挨拶［インド，タイ］

553 PALMS CONTACT(3) 手のひら合わせ(3) ▸感謝［アジア］......... 202

554 PALMS CONTACT(4) 手のひら合わせ(4) ▸謝罪［広範囲］

555 PALMS DOWN 手のひら下ろし ▸落ちついて［世界各地］

556 PALMS FRONT 手のひら前押し ▸とどまって［世界各地（ギリシャを除く）］

557 PALMS RUB(1) 手のひらこすり(1) ▸後悔［サウジアラビア］...... 203

558 PALMS RUB(2) 手のひらこすり(2) ▸彼女たちは同性愛者だ［南米］

559 PALMS THRUST 手のひら突き出し(両手型) ▸二度地獄へ行け！［ギリ
シャ］... 204

560 PALMS UP(1) 手のひら上げ(1)（両手型）▶懇願する［世界各地］
561 PALMS UP(2) 手のひら上げ(2)（両手型）▶誓う！［中東］
562 PALMS UP(3) 手のひら上げ(3)（両手型）▶祈り［ある特定の宗派］.. 205
563 PALMS 'WASH' 手のひら洗い▶期待［広範囲］
564 PALMS WIPE 手のひら払い▶終わった！［広範囲］

【PUPILS 瞳孔】

565 PUPILS DILATE 瞳孔広げ▶今見ているものが好き［世界各地］..... 206

【SHOULDER 肩】

566 SHOULDER BRUSH 肩払い▶恩典［南米］
567 SHOULDER PAT 肩叩き▶私はよくやった！［西欧］.............. 207
568 SHOULDER STRIKE 肩打ち▶挨拶［エスキモー社会］

【SHOULDERS 両肩】

569 SHOULDERS CLASP 両肩握り▶尊敬を示す挨拶［マレーシア］
570 SHOULDERS SHRUG 両肩すくめ▶私は知らない［世界各地］...... 208

【SMOKE 煙】

571 SMOKE BLOW 煙吹きかけ▶性的な誘い［北シリア］

【STOMACH 腹】

572 STOMACH CLASP 腹握り▶お腹が空いた［世界各地］
573 STOMACH 'SAW' 腹鋸▶お腹が空いている［ギリシャ］............ 209
574 STOMACH 'STAB' 腹刺し▶自害したい！［日本］

【TEETH 歯】

575 TEETH FLICK(1) 歯はじき(1) ▶怒りを込めた脅迫［ギリシャ，シシリー］
576 TEETH FLICK(2) 歯はじき(2) ▶私は何も持っていない［フランス，スペイン，ポルトガル，旧ユーゴ，トルコ，サルジニア，北アフリカと中東のアラブ文化圏］.. 210
577 TEETH RUB 歯こすり▶私は何も持っていない［東欧］

【TEMPLE こめかみ】

578 TEMPLE CIRCLE(1) こめかみ回し(1) ▶気がおかしい！［広範囲］
579 TEMPLE CIRCLE(2) こめかみ回し(2) ▶気がおかしい！［日本］.... 211
580 TEMPLE CIRCLE(3) こめかみ回し(3) ▶無駄な［日本］
581 TEMPLE SCREW(1) こめかみねじり(1) ▶気がおかしい！［西欧］

257

582 TEMPLE SCREW(2) こめかみねじり(2) ▶気がおかしい！［南イタリア］
.... 212

583 TEMPLE 'SHOOT' こめかみ撃ち ▶自殺したい！［西欧］

584 TEMPLE TAP(1) こめかみ叩き(1) ▶気がおかしい！［広範囲］

585 TEMPLE TAP(2) こめかみ叩き(2) ▶賢い［広範囲］................. 213

586 TEMPLE TOUCH こめかみ触り ▶いい考えがある！［ヨーロッパ（フラン
ス）］

【TEMPLES 両こめかみ】

587 TEMPLES ANTLERS こめかみ枝角 ▶性的侮辱［シリア］

588 TEMPLES EARS こめかみ耳 ▶まぬけ！［イタリア］............... 214

589 TEMPLES HORNS こめかみ角 ▶性的侮辱［広範囲］

【THIGH 腿】

590 THIGH SLAP(1) 腿叩き(1) ▶短気［広範囲］

591 THIGH SLAP(2) 腿叩き(2) ▶猥褻［アルゼンチン］................ 215

【THIRD-FINGER 薬指】

592 THIRD-FINGER POINT 薬指さし ▶既婚［南米，北米］

【THROAT 喉】

593 THROAT 'CUT'(1) 喉切り(1) ▶脅迫［広範囲］

594 THROAT 'CUT'(2) 喉切り(2) ▶終わりだ！［西欧］............... 216

595 THROAT 'CUT'(3) 喉切り(3) ▶喉を切りたい［広範囲］

596 THROAT GRASP(1) 喉つかみ(1) ▶お前を絞め殺す［アラブ文化圏］

597 THROAT GRASP(2) 喉つかみ(2) ▶自殺［ニューギニア］......... 217

598 THROAT GRASP(3) 喉つかみ(3) ▶もうたくさんだ［イタリア］

599 THROAT GRASP(4) 喉つかみ(4) ▶投獄［南米］

600 THROAT GRASP(5) 喉つかみ(5) ▶うまくいかなかった［北米］.... 218

601 THROAT GRASP(6) 喉つかみ(6) ▶息ができない［北米］

602 THROAT PINCH 喉つまみ ▶痩せている［南イタリア］

603 THROAT SAW 喉鋸 ▶もうたくさんだ［オーストリア］............. 219

604 THROAT STROKE 喉撫で ▶あなたを信じない［南米］

【THUMB 親指】

605 THUMB ARC 親指弧 ▶飲む［スペイン，南フランス，イタリア，イラン，
アラブ文化圏］

606 THUMB BACK 親指後指し ▶以前に［南米］...................... 220

607 THUMB BITE 親指噛み ▶男女の戯れ［シリア］

608 THUMB BLOW 親指吹き ▶挑戦的態度［オランダ］

609 THUMB CIRCLE 親指回し ▶性的侮辱［サウジアラビア］........... 221

610 THUMB DOWN 親指下げ ▶否定［広範囲］

611 THUMB HITCH ヒッチハイク ▶乗せて［アメリカ，広範囲］

612 THUMB JERK 親指引き ▶性的侮辱［サルジニア，ギリシャ，トルコ，イ
ラン，中東，ロシア，アフリカとオーストラリアの一部］.......... 222

613 THUMB POINT 親指さし ▶軽蔑［広範囲］

614 THUMB SUCK 親指すすり ▶彼は嘘をついている［オランダ］....... 223

615 THUMB UP(1) 親指上げ(1) ▶承知した［広範囲］

616 THUMB UP(2) 親指上げ(2) ▶男性［日本］

617 THUMB UP(3) 親指上げ(3) ▶バスク人万歳！［スペイン北西部］... 224

618 THUMB UP(4) 親指上げ(4) ▶何もない！［パンジャブ地方］

619 THUMB UP(5) 親指上げ(5) ▶五［日本］

620 THUMB-AND-FOREFINGER ROTATE 指回転（親指・人さし指型）▶お断
りだ［イタリア］... 225

621 THUMB-AND-LITTLE-FINGER ARC 指弧（親指・小指型）▶飲む［スペイン，
南米（スペイン語圏），アラブ文化圏］

622 THUMB-AND-LILTTLE-FINGER RING 指輪っか ▶何も手に入らなかった
［シシリー］... 226

623 THUMB-AND LITTLE-FINGER ROTATE 指回転（親指・小指型）▶酔っ払
い［南米］

624 THUMB-AND-LITTLE-FINGER WAGGLE 指振り（親指・小指型）▶友好的
な挨拶［ハワイ］

625 THUMB, FOREFINGER AND LITTLE-FINGER RAISE 三指上げ ▶あなた
を愛している［アメリカ，広範囲］................................. 227

626 THUMB, FOREFINGER AND MIDDLE-FINGER THRUST 三指突き出し ▶
脅迫［サウジアラビア，ヨルダン］

【THUMBNAIL 親指爪】

627 THUMBNAIL APPLAUSE 親指爪拍手 ▶皮肉な拍手喝采［オランダ，スペ
イン，南米］... 228

628 THUMBNAIL KISS 親指爪キス ▶誓う！［スペイン，南米，中米］

629 THUMBNAIL PRESS 親指爪押し ▶見下げた奴だ［スペイン］

【THUMBS 親指（複数）】

630 THUMBS BITE 親指噛み ▶降参［ベドウィン族］.................. 229

631 THUMBS TWIDDLE 親指回し ▶退屈［広範囲］

632 THUMBS WAGGLE 親指振り ▶同性愛者［南米，中東］

【TIE ネクタイ】

633 TIE SHAKE ネクタイ振り ▶だまされないよ［南イタリア］......... 230

【TOE 爪先】

634 TOE CROSS 爪先十字 ▶戻らないことを誓う［南イタリア］

【TONGUE 舌】

635 TONGUE MULTI-PROTRUDE(1) 舌出し(1)(複数型) ▶性的な誘い［欧米］

636 TONGUE MULTI-PROTRUDE(2) 舌出し(2)(複数型) ▶お前は嘘つきだ［サウジアラビア］... 231

637 TONGUE PROTRUDE(1) 舌出し(1) ▶侮辱［世界各地］

638 TONGUE PROTRUDE(2) 舌出し(2) ▶侮辱［東アフリカ］

639 TONGUE PROTRUDE(3) 舌出し(3) ▶私は集中している［世界各地］
.... 232

640 TONGUE RUB 舌こすり ▶性的猥褻［レバノン］

641 TONGUE TOUCH(1) 舌触り(1) ▶噂［南米］

642 TONGUE TOUCH(2) 舌触り(2) ▶どうぞ急いで［サウジアラビア］.. 233

643 TONGUE WAGGLE 舌振り ▶性的な誘い［広範囲］

644 TONGUE-TIP SHOW 舌先見せ ▶そんなつもりではなかった！［チベット，中国南部］

【TROUSER ズボン】

645 TROUSER LIFT ズボン上げ ▶不信［アメリカ］

【WAIST ウェスト】

646 WAIST BOW お辞儀 ▶尊敬［世界各地（アジアでは一般的，ドイツ以外のヨーロッパとアメリカでは稀）］................................. 234

647 WAIST OUTLINE ウェスト輪郭 ▶彼女はセクシーだ［欧米］

【WRIST 手首】

648 WRIST FLAP 手首揺らし ▶彼は柔弱だ［西欧］.................... 235

649 WRIST GRASP 手首つかみ ▶性的暗示［中東］

650 WRIST ROTATE 手首回し ▶泥棒！［オランダ］

651 WRIST SLAP 手首打ち ▶彼は同性愛者だ［オランダ］.............. 236

【WRISTS 両手首】

652 WRISTS CROSS(1) 手首交差(1) ▶私はあなたの捕虜だ［南イタリア］

653 WRISTS CROSS(2) 手首交差(2) ▶彼は信頼できない［南イタリア］

参 考 文 献

Andrea, P. and H. P. de Boer（1979）, *Nederlands Gebarenboekje*（Elsevier Manteau, Amsterdam）, pp.1-160.

————（1982）, *Neiuw Nederlands Gebarenboekje*（Manteau, Amsterdam）, pp.1-151.

Argyle, M.（1988）, *Bodily Communication*（Methuen, London）, pp.1-363.

Axtell, R. E.（1991）, *Gestures : The Do's and Taboos of Body Language Around the World*（Wiley, New York）, pp.1-227.

Barakat, R. A.（1973）, "Arabic Gestures", *Journ. Popular Culture*, pp.749-787.

Bauml, B. J. and F. H. Bauml（1975）, *A Dictionary of Gestures*（Scarecrow Press, Metuchen, New Jersey）, pp.1-249.

Bremmer, J. and H. Roodenburg（1991）, *A Cultural History of Gesture*（Polity Press, Cambridge）, pp.1-268.

Brun, T.（1969）, *The International Dictionary of Sign Language*（Wolfe, London）, pp.1-127.

Bull, P.（1987）, *Posture and Gesture*（Pergamon Press, Oxford）, pp.1-194.

Bulwer, J.（1644）, *Chirologia ; or the Naturall Language of the Hand*（London）, pp.1-191.

————（1644）, *Chironomia ; or the Art of Manuall Rhetorique*（London）, pp.1-147.

————（1648）, *Philocophus ; or the Deafe and Dumbe Mans Friend*（London）, pp.1-191.

————（1654）, *A View of the People of the Whole World*（London）, pp.1-590.

Calbris, G.（1990）, *The Semiotics of French Gesture*（Bloomington）

Calbris, G. and J. Montredon（1986）, *Des Gestes et des Mots pour le Dire*（Paris）

Collett, P.（1993）, *Foreign Bodies : A Guide to European Mannerisms*（Simon and Schuster, London）, pp.1-215.〔『ヨーロッパ人の奇妙なしぐさ』高橋健次訳, 草思社, 1996〕

Critchley, M.（1939）, *The Language of Gesture*（Arnold, London）, pp.1-128.

————（1975）, *Silent Language*（Butterworths, London）, pp.1-231.

D'Angelo, L.（1969）, *How to be an Italian*（Price, Stern, Sloane, Los

Angeles), pp.1-93.

Darwin, C. (1872), *The Expression of Emotions in Man and Animals* (John Murray, London), pp.1-374.〔『人及び動物の表情について』浜中浜太郎訳, 岩波書店, 1931；岩波文庫, 1991〕

Davis, F. (1973), *Inside Intuition : What We Know about Nonverbal Communication* (McGraw-Hill, New York), pp.1-236.

De Jorio, A. (1832), *La Mimica degli Antichi Investigata nel Gestire Napoletano* (Naples), pp.1-357.

Efron, D. (1972), *Gesture, Race and Culture* (Mouton, The Hague), pp.1-226.

Eibl-Eibesfeldt, I. (1989), *Ethology : The Biology of Behaviour* (Holt, Rinehart and Winston, New York), pp.1-848.

Fast, J. (1970), *Body Language* (Evans, New York), pp.1-192.〔『ボディ・ランゲージ』石川弘義訳, 読売新聞出版局, 1971〕

———— (1977), *The Body Language of Sex, Power and Aggression* (Jove, New York), pp.1-190.

Green, J. R. (1968), *Gesture Inventory for the Teaching of Spanish* (Chilton Books, Philadelphia)

Guthrie, R. D. (1976), *Body Hot Spots* (Van Nostrand Reinhold, New York), pp.1-240.

Lamb, W. (1965), *Posture and Gesture* (Duckworth, London), pp.1-189.

Lamb, W. and E. Watson (1979), *Body Code : The Meaning in Movement* (Routledge and Kegan Paul, London), pp.1-190.〔『ボディ・コード――からだの表情』小津次郎ほか訳, 紀伊國屋書店, 1981〕

Leith, L. Von Der (1967), *Dansk Dove-Tegnsprog* (Akademisk Forlag, Copenhagen), pp.1-175.

Lyle, J. (1990), *Body Language* (BCA, London), pp.1-144.

McNeill, D. (1992), *Hand and Mind : What Gestures Reveal about Thought* (University Press, Chicago), pp.1-416.

Meo-Zilo, G. and S. Mejia (1980-1983), *Diccionario de Gestos : España e Hispanoamérica*, 2 vols. (Bogotá)

Monahan, B. (1983), *A Dictionary of Russian Gesture* (Ann Arbor)

Morris, D. (1977), *Manwatching : A Field-Guide to Human Behaviour* (Jonathan Cape, London), pp.1-320.〔『マンウォッチング』藤田統訳, 小学館, 1980；小学館ライブラリー, 1991〕

———— (1985), *Bodywatching: A Field-Guide to The Human Species* (Jonathan Cape, London), pp.1-256.〔『ボディウォッチング』藤田統訳, 小学館, 1986；小学館ライブラリー, 1992〕

Morris, D., P. Collett, P. Marsh and M. O'Shaughnessy (1979), *Gestures: Their Origins and Distribution* (Jonathan Cape, London), pp.1-296.〔『ジェスチュア——しぐさの西洋文化』多田道太郎・奥野卓司訳, 日本ブリタニカ, 1981；角川選書, 1992〕

Munari, B. (1963), *Supplemento al Dizionario Italiano* (Muggiani Editore, Milan), pp.1-115.

Nierenberg, G. I. and H. Calero (1971), *How to Read a Person like a Book* (Hawthorn, New York), pp.1-180.

Papas, W. (1972), *Instant Greek* (Papas, Athens)

Pease, A. (1984), *Body Language* (Sheldon Press, London), pp.1-152.

Ricci-Bitti, P. E. (1976), "Communication by Gesture in North and South Italians", *Italian Journal of Psychology* 3 : 117-126.

Saitz, R. L. and E. C. Cervenka (1972), *Handbook of Gestures: Colombia and the United States* (Mouton, The Hague), pp.1-164.

Seward, J. (1979), *Japanese in Action* (Weatherhill, New York), pp.1-213.

Scheflen, A. E. (1972), *Body Language and the Social Order* (Prentice-Hall, New Jersey), pp.1-208.

Whitby, M. (1979), *Gestos de Mano: A Comparative Study of Gestures in Ecuador and Peru* (Oxford), pp.1-92.

Wildeblood, J. (1973), *The Polite World. A Guide to English Manners and Deportment* (Davis-Poynter, London), pp.1-224.

Wundt, W. (1973), *The Language of Gestures* (Mouton, The Hague), pp.1-149.

Wylie, L. W. (1977), *Beau Gestes: A Guide to French Body Talk* (Cambridge, Mass)

新装版への訳者あとがき

　2015 年は日本を訪れた外国人観光客が格段に増えた年でした．日本政府観光局の発表によれば，この年の訪日外国人数は前年比 47.1％増の 1,973 万 7 千人で，統計を取り始めた 1964 年以降，最大の伸び率となったそうです．そして，45 年ぶりに訪日外国人数と出国日本人数が逆転した年でもありました．国別に見ると，中国は前年比 107.3％増の 499 万人と最大になり，続いて韓国の 400 万人，台湾の 368 万人，香港の 152 万人と，東アジアだけで 1419 万人で全体の 72％．欧米では米国が初めて 100 万人を超え，ヨーロッパ，オーストラリアも含めて 13％，東南アジアのタイ，シンガポール，マレーシア，インドネシア，フィリピン，ベトナムも 200 万人を超え 11％を占めたと報告されています．私の地元の江ノ島や鎌倉では，アジアばかりでなく欧米からの観光客も多く見かけられるようになり，外国語を耳にすることが多くなりました．

　このような状況の中，外国の人たちの習慣やジェスチャーなどについての理解を深めようとする動きが，以前よりも顕著に見受けられます．言葉が喋れなくても通じるジェスチャーにはどのようなものがあるでしょうか，相手を侮辱したり不快な思いをさせないように気をつけるべきジェスチャーはなんでしょうかといった問い合わせが，私の主宰する INVC 暮らしとアートの研究所にも増えてきました．鉄道会社や海外と折衝の多い企業が異文化理解の一貫として社内誌にジェスチャーを取り上げるなどの動きも見られます．訪日外国人観光客は 2020 年の東京オリンピックに向けてさらに増えることが予想され，ホテルはもちろんのこと，駅の窓口，レストランやカフェなどで，多くの日本人が外国からの訪問客と接する機会が確実に増えます．異文化のジェスチャーについても実質的に知るべきニーズが増大してきたと言えましょう．

　こういう時に，言葉の辞書のような詳しいジェスチャー辞典があればどんなに役立つでしょう．しかし，ジェスチャーに関する辞典には，簡便に作られたものや信頼度に欠けるものしかないという，これまでの状況に大きな変化は見られません．その中で，本書は動物行動学者であるデズモンド・モリスが，ヨーロッパで実施した大規模なジェスチャー調査とモリス自身の長年の人間観察眼を生かしてまとめた辞典として，1994 年の原著刊行以来信頼に足るものとして参照されてきました．その訳書を異文化のジェスチャーへの関心が高まる中で，判型を縮小しハンディな新装版としてお届けできるのは大変うれしいことです．

著者であるデズモンド・モリスについて，訳者まえがきを補足しておきましょう．モリスは 1928 年 1 月 24 日生まれ，米寿を迎えて今なお活発に執筆を続けています．動物行動学者であると同時にシュルレアリスムの画家としても著名なアーティストです．少年時代を通じて動物に魅せられ，トゲウオの研究で動物行動学の博士号をオックスフォード大学より取得．様々な動物をひたすら観察してきたモリスが，その観察眼を「人間」に向け THE NAKED APE（1967）を執筆するまでの半生を書いた ANIMAL DAYS（1979）を読むと，モリスの観察眼がどれだけ卓越したものかが伝わってきます．人間行動の観察に軸足を移したモリスが本書の基盤となっている MANWATCHING（1977）と GESTURES（1979）を出版し，本書の原著である BODYTALK（1994）へとつながったわけです．MANWATCHING は 2002 年に PEOPLEWATCHING と改題され，改訂版が出されています．また，著書は毎年出版されており，改訂版を含めて著作は 80 冊を超えます．最近では 2014 年に動物シリーズの LEOPARD（豹）など 2 冊，昨年は BISON（野牛）が出版されています（cf. The Desmond Morris Information Page）.

　訳者まえがきにも述べた「本書の特徴」も補足しておきましょう．取りあげてある 653 項目の内訳は，手や腕に関するものが 50％，顔や頭部に関するものが 35％，足や身体全体が 15％，また，世界中の 70 を超える地域に言及があり，その内訳は，「世界各地・広範囲」が 22％，「ヨーロッパ」が 40％，「アメリカ」が 12％，「アジア」20％，「その他」が 6％となっています．

　本書と同時に，2003 年に共編著として刊行した『日米ボディートーク 身ぶり・表情・しぐさの辞典』（三省堂）も新装版が出版されます．日本人とアメリカ人のジェスチャーについて，本書のモリスのデータを補完するものとして併せてお読み頂ければ，さらにジェスチャーへの理解を深めて頂けるでしょう．ジェスチャーは無意識に使われることも多く，個々のジェスチャーに名前がついているわけでもありません．各項目が身体部位別に配列されていても，どの部位から検索したらよいのか戸惑うこともあるでしょう．巻末の項目一覧を手がかりとして，まずは全体を読むことで，ジェスチャーへの感度を高め，ジェスチャーを通した異文化理解を深めて頂けたら幸いです．

2016 年 2 月 8 日　鵠沼にて

東山　安子

【著者】デズモンド・モリス（Desmond Morris）

1928 年生まれ．バーミンガム大学，オックスフォード大学で学ぶ．1959 年から 8 年間，ロンドン動物園の哺乳類学研究部長を務める．1967 年に *The Naked Ape* を出版し，世界中で 1000 万部以上を売り上げた．熟達したアーティスト，テレビ番組の司会者，映画製作者でもある．著書は 36 か国以上で出版されている．

【訳者】東山安子（とうやま やすこ）

1952 年東京生まれ．日本女子大学大学院，コロンビア大学大学院，シカゴ大学大学院修了．専門は，異文化間非言語コミュニケーション．明海大学外国語学部教授を経て，現在，INVC（Intercultural Nonverbal Communication）暮らしとアートの研究所（http://nonverbal-invc.com）代表．著書に『暮らしの中ののんばーばるコミュニケーション』，共著に『日米ボディートーク』『のんばーばるコミュニケーションの花束』など．

1999 年 7 月 30 日　初版発行
2016 年 6 月 10 日　新装版初版発行

ボディートーク　新装版
世界の身ぶり辞典

2016 年 6 月 10 日　第 1 刷発行

著　者　　　デズモンド・モリス
訳　者　　　　　　　　東山安子
発行者　　株式会社 三省堂　代表者 北口克彦
印刷者　　　　三省堂印刷株式会社
発行所　　　　　　　株式会社 三省堂
〒 101-8371　東京都千代田区三崎町二丁目 22 番 14 号
電話　（03）3230-9411（編集）
（03）3230-9412（営業）
振替口座　00160-5-54300
http://www.sanseido.co.jp/

〈新装ボディートーク・272pp.〉

落丁本・乱丁本はお取替えいたします
ISBN978-4-385-10767-7

Ⓡ本書を無断で複写複製することは，著作権法上の例外を除き，禁じられています．本書をコピーされる場合は，事前に日本複製権センター（03-3401-2382）の許諾を受けてください．また，本書を請負業者等の第三者に依頼してスキャン等によってデジタル化することは，たとえ個人や家庭内での利用であっても一切認められておりません．